国家职业技能鉴定推荐教程
人力资源和社会保障部职业能力建设司组织评审认定

国家职业技能鉴定

考前冲刺与真题详解

汽车驾驶员

（初级）

主 编 张 树
审 稿 张果珊

中国劳动社会保障出版社

图书在版编目(CIP)数据

汽车驾驶员：初级/人力资源和社会保障部教材办公室组织编写．—北京：中国劳动社会保障出版社，2014

(国家职业技能鉴定考前冲刺与真题详解)

ISBN 978-7-5167-1347-1

Ⅰ.①汽… Ⅱ.①人… Ⅲ.①汽车驾驶员-职业技能-鉴定-题解 Ⅳ.①U471.3-44

中国版本图书馆 CIP 数据核字(2014)第 187587 号

中国劳动社会保障出版社出版发行

(北京市惠新东街1号 邮政编码：100029)

*

北京市艺辉印刷有限公司印刷装订 新华书店经销

787毫米×1092毫米 16开本 10.75印张 205千字

2014年8月第1版 2019年4月第2次印刷

定价：22.00元

读者服务部电话：(010) 64929211/84209101/64921644

营销中心电话：(010) 64962347

出版社网址：http://www.class.com.cn

编写说明

对劳动者实行职业技能鉴定，推行国家职业资格证书制度，是促进劳动力市场建设、实现素质就业的有效措施，对于全面提高劳动者素质和职工队伍创新能力具有重要作用。国家职业技能鉴定是一项科学、客观检验劳动者专业知识与技能水平的考试活动，其方式包括理论知识考试和操作技能考核。为了使参加职业技能鉴定的广大考生对国家职业技能鉴定内容和鉴定方式有一个全面的了解，更好地复习思考，顺利通过考试，人力资源和社会保障部教材办公室组织参与国家题库开发工作的命题专家，编写了《国家职业技能鉴定考前冲刺与真题详解》和《国家职业技能鉴定操作技能考核题库解析》。其中，《国家职业技能鉴定考前冲刺与真题详解》主要是理论知识考试的真题与解析；《国家职业技能鉴定操作技能考核题库解析》主要是操作技能考核的真题与解析。

《国家职业技能鉴定考前冲刺与真题详解》（以下简称《考前冲刺与真题详解》）是《国家职业资格培训教程》（以下简称《教程》）的配套辅助教材，初级、中级、高级《教程》分别对应配套编写一册《考前冲刺与真题详解》。《考前冲刺与真题详解》中的内容共包括以下三部分：

第一部分，理论知识考试试卷构成及题型介绍。此部分包括：理论知识考试试卷生成方式、理论知识考试题型介绍、理论知识考试答题要求、理论知识考试答题时间和理论知识考试命题思路。主要对考试的整体情况进行较为全面的介绍，从而便于考生更有针对性地进行学习和考试的复习。

第二部分，理论知识考试真题详解。此部分主要包括各级别的理论知识鉴定要素细目表和理论知识考试真题及其解析。其中鉴定要素细目表为国家题库中对该职业相应级别考核要求的介绍。理论知识考试真题中，将对出现的每道题目进行详细解析，并指出该考点在考核要点表中的相应位置。

第三部分，理论知识考试考前冲刺。此部分为模拟试卷，每套试卷均按考核要点表中分值分布进行组卷，除重点考题外，还加入了题库开发专家认为较为重要的新题目，对后期鉴定有着较强的指导作用。

《考前冲刺与真题详解》适用于组织开展社会化鉴定、职业院校鉴定、行业鉴定以及企业技能人才评价考前培训使用，也适用于准备参加鉴定考试的人员学习参考。

编写《考前冲刺与真题详解》有相当的难度，是一项探索性工作。书中不足之处在所难免，欢迎各使用单位和个人提出宝贵意见和建议。

目录

第一部分　理论知识考试试卷构成及题型介绍

第二部分　理论知识考试真题详解

第三部分　理论知识考试考前冲刺

第一部分

理论知识考试试卷构成及题型介绍

理论知识考试试卷生成方式

理论知识考试题型介绍

理论知识考试答题要求

理论知识考试答题时间

理论知识考试命题思路

理论知识考试试卷生成方式

理论知识考试试卷由国家题库采用计算机自动生成，即计算机按照本职业的理论知识鉴定要素细目表的结构特征，使用统一的组卷模型，从题库中随机抽取相应试题，组成试卷。

理论知识考试题型介绍

目前，汽车驾驶员初级、中级、高级职业技能鉴定考试理论知识考试采用标准化试卷，每个级别考试试卷有“单项选择题”“判断题”两大类题型。

1. 单项选择题为“四选一”单选题型，即每道题有四个选项，其中只有一个选项为正确选项，共 80 题，每题 1 分，共 80 分。

2. 判断题为正误判断题型，共 20 题，每题 1 分，共 20 分。

理论知识考试答题要求

1. 采用试卷答题时，作答判断题，应根据对试题的分析判断，在括号中画“√”或“×”；作答选择题，应按要求在括号中填写正确选项的字母。

2. 采用答题卡答题时，按要求直接在答题卡上选择相应的答案处涂色即可。

3. 采用计算机考试时，按要求点击选定的答案即可。

具体答题要求在考试前考评人员会做详细说明。

理论知识考试答题时间

按《国家职业技能标准》要求，汽车驾驶员初级、中级、高级理论知识的考试时间均为 90 min。

理论知识考试命题思路

1. 注重基本概念

对于基本概念，考试形式主要为选择题，考题原则上围绕《国家职业资格培训教程》（以下简称《教程》）的基本概念。在考核时应根据《教程》的内容，把握住基本概念，客观地选择答案，而不能主观应答。

2. 以《教程》为基准，不照搬原文

考试题目紧紧围绕《教程》，但是不会将书上的原话转移为考题。对于自学考生，需要通过独立思考之后领会。对于培训机构的教师来说，应带领学员先掌握职业的操作流程，然后更深入地理解知识点，学会基本操作技能。

3. 选择答案清楚

鉴定考题选择题的四个备选答案尽可能有区别，凡是答案选项模棱两可的，或答案选项近似的，均是考题的陷阱，必须小心比较。

4. 各种难度考题搭配

容易考题：基本参照《教程》内容生成。

中等难度考题：与《教程》内容表现不同，意义相同；或者题目形式特殊。

较大难度考题：选择题答案为否定式、比较型、思考型。

三种难度类型考题比重见表 1—1。

表 1—1　三种难度类型考题比重

级别	初级	中级	高级
容易	50%	40%	30%
中等难度	40%	40%	40%
较大难度	10%	20%	30%

第二部分

理论知识考试真题详解

初级汽车驾驶员理论知识鉴定要素细目表

名称	知识范围	鉴定比重	鉴定点		
			序号	知识点名称	重要程度
基本要求	职业道德	50%	001	职业道德的基本内容	X
			002	职业守则的作用	X
			003	企业文化的作用	X
			004	职业道德具有增强企业凝聚力、竞争力的作用	X
			005	文明礼貌的具体要求	X
			006	爱岗敬业的具体要求	X
			007	勤劳节俭的现代意义	X
			008	企业员工遵纪守法的要求	X
			009	团结互助的基本要求	X
			010	创新的道德要求	X
	相关法规知识	10%	011	交通安全法规	Z
			012	环保法规	Z
汽车驾驶	安全驾驶	50%	013	安全行车的基本要求	X
			014	安全驾驶基础知识	X
			015	汽车上下渡船	X
			016	汽车通过铁路道口	X
			017	汽车倒车、掉头	X
	汽车驾驶理论	50%	018	道路情况分析及处理	X
			019	一般道路驾驶	X
			020	重车驾驶	X
			021	汽车通过凸凹路面驾驶	X
			022	弯道驾驶	Z
基础知识	汽油使用性能	50%	023	汽油的蒸发性	Z
			024	汽油的抗爆性	X
		15%	025	汽油储存安定性	Z
			026	汽油的清洁性	Z

续表

名称	知识范围	鉴定比重	鉴定点		
			序号	知识点名称	重要程度
基础知识	柴油使用性能	30%	027	柴油的起动性	Z
			028	柴油的流动性	X
			029	柴油的抗爆性	X
			030	柴油储存安定性	Z
	压缩天然气	15%	031	压缩天然气性能	Z
			032	压缩天然气使用	Z
	液化天然气		033	液化天然气性能	Z
			034	液化天然气使用	Z
	液化石油气		035	液化石油气性能	Z
			036	液化石油气使用	Z
	其他代用燃料		037	甲醇性能	Z
			038	乙醇性能	Z
			039	氢气性能	Z
	汽油发动机机油	50%	040	汽油发动机机油的分类、级别	X
			041	汽油发动机机油的作用	X
			042	汽油发动机的换油周期	X
	压燃式发动机机油	50%	043	压燃式发动机机油的分类、级别	X
			044	压燃式发动机机油换油周期	X
			045	压燃式发动机机油特性	X
	气体燃料发动机机油	15%	046	气体燃料发动机机油等级	Z
			047	气体燃料发动机机油分类	Z
			048	气体燃料发动机机油特性	Z
	液力传动油	30%	049	液力传动油性能	Z
			050	液力传动油种类	Y
			051	液力传动油的选用与使用	Y
	齿轮油	15%	052	齿轮油分类、级别	Z
			053	齿轮油选用	Z
	润滑脂	10%	054	润滑脂分类	Y
			055	润滑脂牌号与选用	Y

续表

<table>
<tr><th rowspan="2">名称</th><th rowspan="2">知识范围</th><th rowspan="2">鉴定比重</th><th colspan="3">鉴定点</th></tr>
<tr><th>序号</th><th>知识点名称</th><th>重要程度</th></tr>
<tr><td rowspan="27">基础知识</td><td rowspan="2">制动液</td><td rowspan="2">50%</td><td>056</td><td>制动液性能</td><td>X</td></tr>
<tr><td>057</td><td>制动液分类与选用</td><td>X</td></tr>
<tr><td rowspan="2">冷却液（防冻液）</td><td rowspan="2">50%</td><td>058</td><td>冷却液（防冻液）性能</td><td>X</td></tr>
<tr><td>059</td><td>冷却液（防冻液）牌号与选用</td><td>Y</td></tr>
<tr><td rowspan="8">轮胎分类及使用</td><td rowspan="3">50%</td><td>060</td><td>轮胎速度等级</td><td>X</td></tr>
<tr><td>061</td><td>轮胎磨损极限</td><td>X</td></tr>
<tr><td>062</td><td>轮胎负荷等级</td><td>Y</td></tr>
<tr><td rowspan="3">15%</td><td>063</td><td>轮胎组成</td><td>Y</td></tr>
<tr><td>064</td><td>有内胎轮胎、无内胎轮胎</td><td>Y</td></tr>
<tr><td>065</td><td>子午线轮胎与斜交轮胎</td><td>Y</td></tr>
<tr><td rowspan="2">50%</td><td>066</td><td>轮胎充气的规定</td><td>X</td></tr>
<tr><td>067</td><td>轮胎的日常维护</td><td>X</td></tr>
<tr><td rowspan="12">电工学基础知识</td><td rowspan="12">15%</td><td>068</td><td>电工学的基本概念（电压、电流、电阻、电容等）</td><td>Y</td></tr>
<tr><td>069</td><td>欧姆定律</td><td>Y</td></tr>
<tr><td>070</td><td>电功与电功率</td><td>Y</td></tr>
<tr><td>071</td><td>电路与电路图</td><td>Z</td></tr>
<tr><td>072</td><td>电磁感应定律</td><td>Z</td></tr>
<tr><td>073</td><td>晶体管基础知识</td><td>Z</td></tr>
<tr><td>074</td><td>交流发电机的组成与作用</td><td>Y</td></tr>
<tr><td>075</td><td>晶体管三相全波整流器</td><td>Z</td></tr>
<tr><td>076</td><td>电压调节器的种类、组成与作用</td><td>Z</td></tr>
<tr><td>077</td><td>照明、信号装置</td><td>Z</td></tr>
<tr><td>078</td><td>仪表、警示装置</td><td>Z</td></tr>
<tr><td>079</td><td>相关电器知识</td><td>Z</td></tr>
<tr><td rowspan="2">蓄电池的分类与使用</td><td rowspan="2">50%</td><td>080</td><td>蓄电池分类</td><td>X</td></tr>
<tr><td>081</td><td>蓄电池使用</td><td>X</td></tr>
<tr><td>机械制图与识图</td><td>5%</td><td>082</td><td>机械制图</td><td>Z</td></tr>
</table>

续表

<table>
<tr><th rowspan="2">名称</th><th rowspan="2">知识范围</th><th rowspan="2">鉴定比重</th><th colspan="3">鉴定点</th></tr>
<tr><th>序号</th><th>知识点名称</th><th>重要程度</th></tr>
<tr><td rowspan="7">基础知识</td><td rowspan="3">常用量具基础知识</td><td rowspan="3">5%</td><td>083</td><td>量具种类</td><td>Z</td></tr>
<tr><td>084</td><td>中等精度量具的使用</td><td>Z</td></tr>
<tr><td>085</td><td>精密量具的使用</td><td>Z</td></tr>
<tr><td rowspan="2">国际标准单位</td><td rowspan="2">5%</td><td>086</td><td>国际单位制</td><td>Z</td></tr>
<tr><td>087</td><td>中国法定计量单位</td><td>Y</td></tr>
<tr><td rowspan="2">钳工常用工具与量具</td><td rowspan="2">15%</td><td>088</td><td>钳工常用工具与量具的种类</td><td>Y</td></tr>
<tr><td>089</td><td>钳工常用工具与量具的使用</td><td>Z</td></tr>
<tr><td rowspan="6">汽车构造基本知识</td><td rowspan="4">汽车构造概述</td><td rowspan="4">15%</td><td>090</td><td>汽车的分类</td><td>X</td></tr>
<tr><td>091</td><td>汽车的型号</td><td>X</td></tr>
<tr><td>092</td><td>汽车的总体构造</td><td>X</td></tr>
<tr><td>093</td><td>汽车的主要技术参数</td><td>X</td></tr>
<tr><td rowspan="2">发动机的结构与作用</td><td rowspan="2">15%</td><td>094</td><td>发动机基本结构</td><td>X</td></tr>
<tr><td>095</td><td>发动机基本作用</td><td>X</td></tr>
<tr><td rowspan="10">发动机的基本构造</td><td rowspan="2">化油器式汽油发动机燃料供给系的组成与作用</td><td rowspan="2">50%</td><td>096</td><td>化油器式汽油发动机燃料供给系的组成</td><td>Y</td></tr>
<tr><td>097</td><td>化油器式汽油发动机燃料供给系的作用</td><td>Y</td></tr>
<tr><td rowspan="2">电控汽油发动机燃料供给系的组成与作用</td><td rowspan="2">50%</td><td>098</td><td>电控汽油发动机燃料供给系的组成</td><td>Y</td></tr>
<tr><td>099</td><td>电控汽油发动机燃料供给系的作用</td><td>Y</td></tr>
<tr><td rowspan="2">电控汽油发动机空气供给系的组成与作用</td><td rowspan="2">50%</td><td>100</td><td>电控汽油发动机空气供给系的组成</td><td>Y</td></tr>
<tr><td>101</td><td>电控汽油发动机空气供给系的作用</td><td>Y</td></tr>
<tr><td rowspan="2">触点式点火系的组成与作用</td><td rowspan="2">50%</td><td>102</td><td>触点式点火系的组成</td><td>Y</td></tr>
<tr><td>103</td><td>触点式点火系的作用</td><td>Y</td></tr>
<tr><td rowspan="2">电控汽油发动机点火系的组成与作用</td><td rowspan="2">50%</td><td>104</td><td>电控汽油发动机点火系的组成</td><td>Y</td></tr>
<tr><td>105</td><td>电控汽油发动机点火系的作用</td><td>Y</td></tr>
</table>

续表

名称	知识范围	鉴定比重	鉴定点		
			序号	知识点名称	重要程度
发动机的基本构造	点燃式压缩天然气（CNG）气体燃料发动机燃料供给系统	30%	106	点燃式压缩天然气（CNG）气体燃料发动机燃料供给系统的组成	Z
			107	点燃式压缩天然气（CNG）气体燃料发动机燃料供给系统的作用	Z
	点燃式液化天然气（LNG）气体燃料发动机燃料供给系统	5%	108	点燃式液化天然气（LNG）气体燃料发动机燃料供给系统的组成	Z
			109	点燃式液化天然气（LNG）气体燃料发动机燃料供给系统的作用	Z
	压燃式发动机（柴油机）供给系	30%	110	压燃式发动机（柴油机）供给系的组成	X
			111	压燃式发动机（柴油机）供给系的作用	Y
	发动机冷却系	50%	112	发动机冷却系的组成	X
			113	发动机冷却系的作用	X
	发动机润滑系		114	发动机润滑系的组成	X
			115	发动机润滑系的作用	Y
	发动机起动系		116	发动机起动系的组成	Y
			117	发动机起动系的作用	X
	发动机曲柄连杆机构	30%	118	发动机曲柄连杆机构的组成	Y
			119	发动机曲柄连杆机构的作用	Y
	发动机配气机构		120	发动机配气机构的组成	Y
			121	发动机配气机构的作用	Y
	发动机的分类		122	二冲程发动机	Y
			123	四冲程发动机	Y
			124	转子发动机	Y
			125	单缸发动机	Y
			126	多缸发动机	Y
	发动机的基本组成		127	发动机编号知识	Y
			128	发动机的基本组成部分	Y
			129	发动机基本组成部分的作用	Y
	发动机的基本术语		130	发动机基本术语的定义	Y
			131	发动机基本术语的作用	Y

续表

<table>
<tr><th rowspan="2">名称</th><th rowspan="2">知识范围</th><th rowspan="2">鉴定比重</th><th colspan="3">鉴定点</th></tr>
<tr><th>序号</th><th>知识点名称</th><th>重要程度</th></tr>
<tr><td rowspan="27">汽车底盘的基本结构</td><td rowspan="7">汽车传动系的基础知识</td><td rowspan="7">50%</td><td>132</td><td>汽车传动系的组成与作用</td><td>Y</td></tr>
<tr><td>133</td><td>汽车离合器的组成与作用</td><td>X</td></tr>
<tr><td>134</td><td>汽车手动变速器的组成与作用</td><td>X</td></tr>
<tr><td>135</td><td>汽车液力自动变速器（AT）的组成与作用</td><td>X</td></tr>
<tr><td>136</td><td>汽车无级变速器（CVT）的组成与作用</td><td>Z</td></tr>
<tr><td>137</td><td>汽车万向传动装置的组成与作用</td><td>Y</td></tr>
<tr><td>138</td><td>汽车驱动桥的组成与作用</td><td>Y</td></tr>
<tr><td rowspan="5">汽车行驶系的基础知识</td><td rowspan="5">30%</td><td>139</td><td>汽车行驶系的组成与作用</td><td>X</td></tr>
<tr><td>140</td><td>车架的组成与作用</td><td>Y</td></tr>
<tr><td>141</td><td>车桥的组成与作用</td><td>Y</td></tr>
<tr><td>142</td><td>汽车悬架的组成与作用</td><td>Z</td></tr>
<tr><td>143</td><td>汽车减振器的组成与作用</td><td>Z</td></tr>
<tr><td rowspan="5">汽车制动系的组成与作用</td><td rowspan="10">50%</td><td>144</td><td>汽车制动系的组成</td><td>Y</td></tr>
<tr><td>145</td><td>汽车制动系的作用</td><td>Y</td></tr>
<tr><td>146</td><td>汽车制动器的分类</td><td>X</td></tr>
<tr><td>147</td><td>鼓式制动器的组成与作用</td><td>X</td></tr>
<tr><td>148</td><td>盘式制动器的组成与作用</td><td>X</td></tr>
<tr><td rowspan="2">汽车液压制动系</td><td>149</td><td>汽车液压制动系的组成与作用</td><td>X</td></tr>
<tr><td>150</td><td>汽车液压制动系的工作过程</td><td>X</td></tr>
<tr><td rowspan="2">汽车气压制动系</td><td>151</td><td>汽车气压制动系的组成与作用</td><td>Y</td></tr>
<tr><td>152</td><td>汽车气压制动系的工作过程</td><td>X</td></tr>
<tr><td>汽车驻车制动系</td><td>153</td><td>汽车驻车制动系的组成与作用</td><td>X</td></tr>
<tr><td rowspan="5">汽车转向系</td><td rowspan="5">30%</td><td>154</td><td>汽车转向器的组成</td><td>Y</td></tr>
<tr><td>155</td><td>汽车转向器的作用</td><td>X</td></tr>
<tr><td>156</td><td>转向操纵机构的组成</td><td>Y</td></tr>
<tr><td>157</td><td>转向操纵机构的作用</td><td>X</td></tr>
<tr><td>158</td><td>汽车转向传动机构的组成</td><td>Y</td></tr>
</table>

续表

名称	知识范围	鉴定比重	鉴定点		
			序号	知识点名称	重要程度
汽车底盘的基本结构	汽车转向系	30%	159	汽车转向传动机构的作用	X
			160	汽车转向盘（方向盘）自由行程的作用	Z
汽车简单故障的判断与排除	发动机简单故障判断	50%	161	发动机供给系的简单故障判断	X
			162	触点式点火系常见故障判断与排除	Y
	点燃式发动机点火系简单故障的判断与排除	50%	163	无触点式晶体管点火系常见故障判断	Y
			164	无分电器点火系简单故障判断	X
	发动机常见故障与异响的判断		165	发动机过热	X
			166	机油压力过低	X
			167	发动机异响	X
	汽车底盘常见故障现象		168	汽车转向系常见故障	X
			169	离合器常见故障	X
			170	变速器常见故障	X
			171	传动轴常见故障	X
			172	驱动桥常见故障	X
			173	制动系常见故障	X
汽车维护检修	汽车维护	50%	174	汽车维护的作用	X
			175	汽车维护的项目	X
	汽车的日常维护		176	汽车日常维护的作用	X
			177	汽车日常维护的项目	X
			178	一级维护作业范围	X
			179	二级维护作业范围	X
			180	汽车走合期的使用与维护	X
	汽车检修	30%	181	汽车诊断	X
			182	汽车修理	X

注：X、Y、Z 为鉴定点在试卷试题中出现的概率。标注 X 的内容出现概率为 50%，标注 Y 的内容出现概率为 30%～40%，标注 Z 的内容出现概率为 10%～20%。

初级汽车驾驶员理论知识考试真题详解

一、单项选择题

1. 道德在调整人们行为时的评价标准是（　　）。

A. 善恶　　B. 四项基本原则

C. 宪法和各种法律手段　　D. 人民民主专政

【解析】 答案：A。

评判人的基本道德水准是“善恶”。

【鉴定点分布】 基本要求→职业道德→职业道德的基本内容

2.（　　）是社会主义职业道德的特有规范。

A. 爱岗敬业　　B. 诚实守信　　C. 办事公道　　D. 奉献社会

【解析】 答案：A。

任何一个从业人员必须“爱岗敬业”，这是对从业人员的基本要求。

【鉴定点分布】 基本要求→职业道德→职业道德的基本内容

3. 保证行车安全，牢固树立“（　　）”的观念，是每一个驾驶员的“天职”。

A. 多快好省　　B. 多拉快跑　　C. 安全第一　　D. 热爱本职工作

【解析】 答案：C。

对任何职业，工作安全永远是第一位的，对于驾驶员这一职业更是如此。

【鉴定点分布】 基本要求→职业道德→职业道德的基本内容

4. 汽车驾驶员职业道德培养的方法是（　　）。

A. 重视学习、勤于实践、自省和自律、培养良好的心理素质

B. 遵纪守法、安全行驶

C. 热爱本职、钻研技术

D. 文明驾驶、乐于助人

【解析】 答案：A。

在工作和生活中只有善于学习、学以致用、自我约束，才能成为一名合格的驾驶员。

【鉴定点分布】基本要求→职业道德→职业道德的基本内容

5.（　　）是各行业从业人员努力的目标。

A. 爱岗敬业　　B. 诚实守信　　C. 办事公道　　D. 奉献社会

【解析】答案：B。

诚信是对各行各业从业人员的基本要求。“诚信不足，有不信焉”，只有诚信，才有可能做好工作。

【鉴定点分布】基本要求→职业道德→职业守则的作用

6. 以下属于热爱本职、钻研技术的是（　　）。

A. 干一行、爱一行、专一行、成一行

B. 适时更换新的工作

C. 会开车即可

D. 当一天和尚撞一天钟

【解析】答案：A。

每个人的职业在一生中随时会改变，不变的是热爱工作、努力工作的态度，只有热爱工作，才有可能做好工作，才有可能成为各行的“状元”。

【鉴定点分布】基本要求→职业道德→职业道德的基本内容

7. 道德的（　　）主要是培养人们的道德品质，规范人们的道德行为，提高人们的道德境界，形成理想人格。

A. 调节职能　　B. 认识职能　　C. 社会职能　　D. 教育职能

【解析】答案：C。

道德是社会人为人处世的基本原则，是规范社会人行为的基本约束。道德高尚的社会人具有强烈的社会责任感、为人正派、处事公正。

【鉴定点分布】基本要求→职业道德→职业道德的基本内容

8.（　　）指语言和举止端正庄重。

A. 服务到位　　B. 举止端庄　　C. 举止大方　　D. 充满热情

【解析】答案：B。

为人处世的态度，要落落大方、不卑不亢。

【鉴定点分布】基本要求→职业道德→职业道德的基本内容

9. 机动车行驶时，驾驶人、乘坐人员应当按规定使用（　　）。

A. 安全带　　B. 安全绳　　C. 安全帽　　D. 安全头盔

【解析】答案：A。

《中华人民共和国道路交通安全法》第四章第二节第 51 条规定，机动车行驶时，驾驶人、乘坐人员应当按规定使用安全带，摩托车驾驶人及乘坐人员应当按规定戴安全头盔。

【鉴定点分布】基本要求→相关法规知识→交通安全法规

10. 使用软连接牵引装置牵引故障车时，牵引车与被牵引车之间的距离应（　　）。

A. 大于 4 m 小于 10 m　　B. 大于 2 m 小于 4 m

C. 大于 10 m　　D. 小于 3 m

【解析】答案：A。

《中华人民共和国道路交通安全法实施条例》第 61 条牵引故障机动车应当遵守的规定（三）：使用软连接牵引装置时，牵引车与被牵引车之间的距离应大于 4 m 小于 10 m。

【鉴定点分布】汽车驾驶→安全驾驶→安全行车的基本要求

11.（　　）、服用国家管制的精神药品或者麻醉药品，不得驾驶机动车。

A. 饮酒　　B. 喝茶　　C. 喝矿泉水　　D. 喝凉开水

【解析】答案：A。

《中华人民共和国道路交通安全法》第 22 条规定：饮酒、服用国家管制的精神药品或者麻醉药品，或者患有妨碍安全驾驶机动车的疾病，或者过度疲劳影响安全驾驶的，不得驾驶机动车。

【鉴定点分布】基本要求→相关法规知识→交通安全法规

12. 红灯表示禁止通行，绿灯表示准许通行，（　　）表示警示。

A. 红灯　　B. 黄灯　　C. 绿灯　　D. 蓝灯

【解析】答案：B。

《中华人民共和国道路交通安全法》第三章道路通行条件第 26 条规定：交通信号灯由红灯、绿灯、黄灯组成。红灯表示禁止通行，绿灯表示准许通行，黄灯表示警示。

【鉴定点分布】基本要求→相关法规知识→交通安全法规

13. 交通信号包括交通信号灯、交通标志、交通标线和（　　）的指挥。

A. 交通警察　　B. 交通协管员　　C. 交通志愿者　　D. 民警

【解析】答案：A。

《中华人民共和国道路交通安全法》第三章道路通行条件第 25 条规定：交通信号包括交通信号灯、交通标志、交通标线和交通警察的指挥。

【鉴定点分布】基本要求→相关法规知识→交通安全法规

14. 在复杂道路上，驾驶员不盲目开快车，做到路况不明不开快车，情绪不稳定不开快车，不因时间晚赶路开快车，不因私事急急忙忙开快车。这是要求驾驶员正确处理（　　）的关系。

A. 快与慢　　B. 得与失　　C. 有理与无理　　D. 好与坏

【解析】答案：A。

“快与慢”是相对的，盲目求快，一旦出交通事故，会由“快”变成极“慢”，这就是“欲速则不达”，想快反而慢了。

【鉴定点分布】汽车驾驶→汽车驾驶理论→道路情况分析及处理

15. 汽车行驶时，如车速为 60 km/h，与前方车辆的安全距离最小应为（　　）m。

A. 20　　B. 30　　C. 40　　D. 60

【解析】答案：D。

这是一个“经验数据”，按此距离行车，能保证行车安全。所带来的麻烦是容易在与前车的“间距”中加入其他车辆。

【鉴定点分布】汽车驾驶→安全驾驶→安全行车的基本要求

16. 汽车行驶时一般与前方车辆的安全距离应该大于或等于车速的（　　）。

A. 百分之一　　B. 千分之一　　C. 十分之一　　D. 万分之一

【解析】答案：B。

这是一个“经验数据”，按此距离行车，确能保证行车安全。所带来的麻烦是容易在与前车的“间距”中加入其他车辆。此题另一考点在 1 km＝1 000 m。

【鉴定点分布】汽车驾驶→安全驾驶→安全行车的基本要求

17. 汽车夜间在道路上发生故障时，妨碍交通又难以移动的，应当按照规定开启危险报警闪光灯并在车后 50～100 m 处设置警告标志，同时开启（　　）。

A. 前照灯　　B. 室内灯

C. 示廓灯和后位灯*　　D. 远光灯

*GB4785—2007《汽车及挂车外部照明和光信号装置的安装规定》3.5.12 定义前位灯：从车辆前方观察，表明车辆存在和宽度的灯；3.5.13 定义后位灯：从车辆后方观察，表明车辆存在和宽度的灯。

【解析】答案：C。

《中华人民共和国道路交通安全法实施条例》第四章第二节第 60 条规定：机动车在道路上发生故障或者发生交通事故，妨碍交通又难以移动的，应按照规定开启危险报警闪光灯并在车后 50 米至 100 米处设置警告标志，夜间还应当同时开启示廓灯和后位灯。

【鉴定点分布】汽车驾驶→安全驾驶→安全行车的基本要求

18. 机动车行驶中发生故障不能行驶时，需立即采取的行为是（　　）。

A. 保护现场　　B. 将车移出主道

C. 报告附近的交警　　D. 报告附近的交警并将车移出主道

【解析】 答案：D。

《中华人民共和国道路交通安全法》第四章第二节第 52 条规定：机动车在道路上发生故障，需要停车排除故障时，驾驶人应当立即开启危险报警闪光灯，将机动车移至不妨碍交通的地方停放；难以移动的，应当持续开启危险报警闪光灯，并在来车方向设置警告标志等措施扩大警示距离，必要时迅速报警。

【鉴定点分布】 汽车驾驶→相关法规知识→交通安全法规

19. 机动车倒车的正确操作是（　　）。

A. 任意路段均可倒车

B. 机动车倒车时具有优先权

C. 需察明车后情况，确认安全后，方可倒车

D. 在桥梁上倒车时要特别注意

【解析】 答案：C。

《中华人民共和国道路交通安全法实施条例》第四章第二节第 50 条规定：机动车倒车时，应当察明车后情况，确认安全后倒车。不得在铁路道口、交叉路口、单行路、桥梁、急弯、陡坡或者隧道中倒车。

【鉴定点分布】 汽车驾驶→安全驾驶→汽车倒车、掉头

20. 机动车在没有禁止掉头或者禁止左转弯标志、标线的地点（　　）。

A. 不可以掉头　　B. 可以掉头　　C. 看情况　　D. 随机

【解析】 答案：B。

《中华人民共和国道路交通安全法实施条例》第四章第二节第 49 条规定：机动车在有禁止掉头或者禁止左转弯标志、标线的地点以及在铁路道口、人行横道、桥梁、急弯、陡坡、隧道或者容易发生危险的路段，不得掉头。

【鉴定点分布】 汽车驾驶→安全驾驶→汽车倒车、掉头

21. 驾驶车辆行经漫水路或者漫水桥时，应当停车察明水情，确认安全后，（　　）通过。

A. 低速　　B. 高速　　C. 减速　　D. 匀速

【解析】 答案：A。

《中华人民共和国道路交通安全法实施条例》第四章第二节第 64 条规定：机动车行经漫水路或者漫水桥时，应当停车察明水情，确认安全后，低速通过。

【鉴定点分布】 汽车驾驶→安全驾驶→安全行车的基本要求

22. 驾驶汽车在单位院内、居民区内，应当低速行驶，（　　）行人。

A. 跟随　　B. 超过　　C. 避让　　D. 驱赶

【解析】答案：C。

《中华人民共和国道路交通安全法实施条例》第四章第二节第 67 条规定：在单位院内、居民居住区内，机动车应当低速行驶，避让行人；有限速标志的，按照限速标志行驶。

【鉴定点分布】汽车驾驶→安全驾驶→安全行车的基本要求

23. 不同的驾驶员因受其自身的性格特征影响形成不同的（　　）。

A. 驾驶特点和风格　　B. 驾驶应变能力

C. 驾驶熟练程度　　D. 驾驶能力和耐力

【解析】答案：A。

不同的性格会影响“驾驶”特点和风格，最重要的是，无论什么“性格”，必须保证安全。

【鉴定点分布】汽车驾驶→安全驾驶→安全驾驶基础知识

24. 驾驶员的（　　）、觉悟和修养水平在平时的思想情绪中起关键作用。

A. 责任心　　B. 爱心　　C. 良心　　D. 自信心

【解析】答案：A。

一个有责任心的驾驶员，在处理任何事务时，都会多方面考虑，做出正确决策。

【鉴定点分布】汽车驾驶→安全驾驶→安全驾驶基础知识

25. 驾驶员要有良好的车感。车感是驾驶员对所驾车辆的长度、宽度、高度、离地高度的感知，是一种（　　）。

A. 平面概念　　B. 空间概念　　C. 距离概念　　D. 力学概念

【解析】答案：B。

车感是驾驶员对所驾车辆的长度、宽度、高度、离地高度的感知，是一种空间概念。好驾驶员能达到人车合一的境界，在车辆运行中驾驶员凭借这种空间感觉（立体通过能力）准确判断本车与其他车辆在路面上的相互位置，做到合理起步、停车、会车、超车、合理避让，得心应手，游刃有余。

【鉴定点分布】汽车驾驶→安全驾驶→安全驾驶基础知识

26. 车辆静止时视野可达 200°，其中可以辨别颜色的视野约（　　）。

A. 90°　　B. 80°　　C. 70°　　D. 100°

【解析】答案：C。

视野指驾驶员在驾驶车辆时头和眼球不转动时，双眼能看到的范围。车辆静止时视野可达 200°，其中可以辨别颜色的视野约 70°。

【鉴定点分布】汽车驾驶→安全驾驶→安全驾驶基础知识

27. 倒车时由于不便于观察车后的情况，所以倒车较向前行驶的危险性（　　），应尽可能避免倒车。

A. 减小　　B. 相等　　C. 加大　　D. 随机

【解析】答案：C。

倒车时由于不便于观察车后的情况，所以倒车较向前行驶的危险性加大，应尽可能避免倒车。倒车时要先观察好车后路况，确无情况再倒车；尽可能向驾驶员一侧倒车或转向；要匀速缓慢行驶；条件允许时请一个帮手。

【鉴定点分布】汽车驾驶→安全驾驶→汽车倒车、掉头

28. 机动车驶入非机动车道，必须注意避让非机动车，不准（　　）驶入，不准用喇叭驱赶非机动车。

A. 并行　　B. 缓慢　　C. 截头　　D. 加速

【解析】答案：C。

在非机动车道内，非机动车有路权，机动车驶入非机动车道，必须注意避让非机动车，不准截头驶入，不准用喇叭驱赶非机动车。

【鉴定点分布】汽车驾驶→安全驾驶→安全行车的基本要求

29. 驾驶员的技术水平对行车安全有直接影响，驾驶员的技术水平不包括（　　）。

A. 驾驶的基本功操作　　B. 耐疲劳能力强

C. 良好的听力　　D. 准确的判断力

【解析】答案：B。

人的耐力因身体状况、客观环境条件等因素的不同而变化，不属于“技术”范畴。

【鉴定点分布】汽车驾驶→安全驾驶→安全驾驶基础知识

30. 驾驶员在行车中主要是靠视觉和听觉得到信息，那么由（　　）收集到的信息高达 90%以上。

A. 视觉　　B. 听觉　　C. 嗅觉　　D. 味觉

【解析】答案：A。

视觉是驾驶员得到信息的最重要的来源，驾驶员必须有合格的视力，才能保证行车安全。

【鉴定点分布】汽车驾驶→安全驾驶→安全驾驶基础知识

31. 驾驶员接收外来信息到做出反应的时间称为反应时间，反应时间受（　　）

因素影响。

A. 驾驶员身体状况　　B. 车辆的蓄电池电量情况

C. 车辆的油耗情况　　D. 车辆的座椅舒适性能

【解析】答案：A。

驾驶员从意识到危险，到右脚（用左脚开自动挡车的驾驶员相反）离开加速踏板的时间称为“反应时间”，一般为0.38～0.5 s。驾驶员反应时间主要与驾驶员的自身健康状况、精神状态有关，是意识行为。

【鉴定点分布】汽车驾驶→安全驾驶→安全驾驶基础知识

32. 下列对机动车过渡口时所要注意的事项描述有错误的是（　）。

A. 过渡口时随车人员和乘客不许下车

B. 汽车上下渡船时应用一挡或二挡

C. 在跳板上要缓慢行驶

D. 不准在船上进行紧急制动

【解析】答案：D。

在驾车行驶时，遇到紧急情况，需要紧急制动时，无论何时何地，必须紧急制动。

【鉴定点分布】汽车驾驶→安全驾驶→汽车上下渡船

33. 机动车在通过铁路道口时，不得（　　），同时还应注意路面的道岔、道钉等硬物，以防损坏轮胎。

A. 变速、制动　　B. 变速、停车、鸣笛

C. 变速、鸣笛　　D. 变速、制动、停车

【解析】答案：D。

交通法规对过铁路道口时的规定，此时“变速、制动、停车”，有可能造成铁路道口内交通事故。

【鉴定点分布】汽车驾驶→安全驾驶→汽车通过铁路道口

34. 驾驶机动车辆通过铁路道口时，严禁熄火或（　）。

A. 迅速通过　　B. 匀速通过　　C. 低挡通过　　D. 空挡滑行

【解析】答案：D。

空挡滑行时汽车靠惯性行驶，遇到情况，一旦不能及时挂上挡，会造成停车或熄火，引发铁路道口内交通事故。通过铁路道口要提前换入低挡，匀速、缓慢通过。

【鉴定点分布】汽车驾驶→安全驾驶→汽车通过铁路道口

35. 车辆通过有交通信号灯的人行横道，红灯亮时，必须停车等候，如此时无人通过（　　）。

A. 可以通过　B. 减速通过　C. 加速通过　D. 也严禁通过

【解析】答案：D。

为确保安全，必须如此。红灯亮，是禁行信号，车辆不能通行，此时的路权是行人的，即使无人也不能通过。

【鉴定点分布】汽车驾驶→安全驾驶→安全行车的基本要求

36. 驾驶员驾驶机动车在人行横道上行驶时不允许的操作是（　　）。

A. 掉头　B. 减速　C. 加速　D. 滑行

【解析】答案：A。

在人行横道上，行人有“路权”，驾驶汽车经过人行横道时要减速慢行，人行横道上有行人时要减速让行。禁止在人行横道上停车，更不许掉头。

【鉴定点分布】汽车驾驶→安全驾驶→安全行车的基本要求

37. 机动车在高速行驶时遇后车跟得很近时应（　　）。

A. 加速甩掉　B. 迅速停车

C. 变速鸣笛　D. 开右转向灯让后车先行

【解析】答案：D。

开车要心平气和，“礼让三先”，后车跟得过近，有可能造成追尾事故，从保证行车安全出发，让后车先行。

【鉴定点分布】汽车驾驶→汽车驾驶理论→道路情况分析及处理

38. 机动车在下列何种地点可以掉头（　　）。

A. 城门　B. 陡坡　C. 广场　D. 隧道

【解析】答案：C。

《中华人民共和国道路交通安全法实施条例》第四章第二节第49条规定：机动车在有禁止掉头或者禁止左转弯标志、标线的地点以及在铁路道口、人行横道、桥梁、急弯、陡坡、隧道或容易发生危险的路段，不得掉头。

机动车在没有禁止掉头或者没有禁止左转弯标志、标线的地点可以掉头，但不得妨碍正常行驶的其他车辆和行人的通行。

【鉴定点分布】汽车驾驶→安全驾驶→汽车倒车、掉头

39. 驾驶员驾驶机动车在下列哪种情况下可以倒车（　　）。

A. 单行线路　B. 交叉路口　C. 停车场　D. 桥梁

【解析】答案：C。

在铁路道口、交叉路口、单行线路、弯路、桥梁、陡坡、隧道、交通繁华拥挤路段或容易发生危险的路段不准倒车。

【鉴定点分布】汽车驾驶→安全驾驶→汽车倒车、掉头

40. 机动车行驶中掉头时，最高时速不能超过（　　）公里。

A. 40　　B. 30　　C. 20　　D. 10

【解析】答案：B。

《中华人民共和国道路交通安全法实施条例》第四章第二节第46条（二）规定：机动车掉头、转弯、下陡坡时，最高行驶速度不得超过每小时30公里。

【鉴定点分布】汽车驾驶→安全驾驶→汽车倒车、掉头

41. 在倒车中，如果需要反复前进后退时，应在每次后退或前进接近停车的一瞬间，迅速地向运动方向转动转向盘，以便（　　）。

A. 迅速制动　　B. 立即转向

C. 防止侧滑　　D. 下一次前进或后退

【解析】答案：D。

倒车时转弯半径很小，在即将停车的一瞬间，迅速地向运动方向转动转向盘，以便下一次前进或后退。

【鉴定点分布】汽车驾驶→安全驾驶→汽车倒车、掉头

42. 驾驶员的性格特点对行车安全会产生影响，下列说法错误的是（　　）。

A. 机动车驾驶员应针对自身性格特点有意识地进行性格培养和锻炼

B. 机动车驾驶员应发挥自身性格特点，无须性格培养和锻炼

C. 驾驶员应针对自身性格特点发扬积极的一面，抑制不利的一面

D. 机动车驾驶员应该做到心平气和、不急不躁、保证安全

【解析】答案：B。

驾驶员应该时刻认识到自己在“开车”，必须保持平和的心态，冷静地处理交通情况。要克服急躁、冲动的情绪，保证行车安全。

【鉴定点分布】汽车驾驶→安全驾驶→安全驾驶基础知识

43. 下列对驾驶员思想情绪与行车安全的说法中错误的是（　　）。

A. 绝大多数责任事故的肇事者在思想上或驾驶作风上都存在问题

B. 防止和克服异常思想情绪，杜绝违章驾驶，是安全行车的保证

C. 驾驶员要保证高度的责任感，提高自身修养、保持平和的情绪

D. 只要驾驶员的思想情绪好，就能保证行车安全

【解析】答案：D。

驾驶员的“思想情绪好”，只是安全行车的条件之一，要保证行车安全，还需要娴熟的驾驶技术、良好的车辆技术状况，临危不乱，正确处理突发情况等诸多因素的共

同作用。

【鉴定点分布】汽车驾驶→安全驾驶→安全驾驶基础知识

44. 驾驶员在驾驶过程中想要吐痰时，可以（　　）。

A. 通过车窗吐到道路上

B. 吐到随身携带的废纸上，停车后扔到垃圾箱

C. 吐到车内地板上

D. 不吐出来

【解析】答案：B。

《中华人民共和国道路交通安全法实施条例》第四章第二节第 62 条规定，驾驶机动车不得有下列行为：向道路上抛撒物品。

【鉴定点分布】基本要求→相关法规知识→交通安全法规

45. 事故统计资料表明，（　　）的交通事故是因人的过失造成的。

A. 70％～75％　　B. 75％～80％　　C. 80％～85％　　D. 85％～90％

【解析】答案：C。

在人、车、路、环境这四个因素中，人是具有主动性的因素。充分发挥人的作用，就会减少交通事故的发生。在交通事故中，绝大多数情况是参与交通的“人的过失”造成的交通事故。

【鉴定点分布】汽车驾驶→安全驾驶→安全驾驶基础知识

46. 驾驶员的因素对行车安全的影响很大，驾驶员的因素主要指驾驶员的（　　），包括驾驶员的身体素质和技术素质等。

A. 素质水平　　B. 文化程度　　C. 驾驶技术　　D. 健康状况

【解析】答案：A。

驾驶员的素质水平涵盖的内容极其广泛，好的驾驶员人格魅力值高、技术娴熟、驾车如“庖丁解牛”游刃有余。

【鉴定点分布】汽车驾驶→安全驾驶→安全驾驶基础知识

47. 确保安全行驶，驾驶员要具有良好的身体素质，其中不包括（　　）。

A. 较好的体力　　B. 极高的智力　　C. 很好的视力　　D. 较好的耐力

【解析】答案：B。

驾驶员职业是熟练工种，对人的责任心要求极高，具有正常智力的人，就可胜任。

【鉴定点分布】汽车驾驶→安全驾驶→安全驾驶基础知识

48. 确保安全行车，驾驶员要有良好的身体素质，其中包括的素质有（　　）。

A. 视力、体力　　　　　　　　B. 视力、耐力

C. 视力、体力、智力　　　　D. 视力、体力、耐力

【解析】答案：D。

职业驾驶员，长时间在道路上行驶，必须眼观六路，耳听八方，有充足的精力，才能保证行车安全。

【鉴定点分布】汽车驾驶→安全驾驶→安全驾驶基础知识

49. 一个好的驾驶员要注意平时的检查和日常维护，出车前收车后坚持“三个勤”：勤检查、勤维护、勤调整，使车辆始终保持良好的技术状况，坚持不开带病车。这是要求驾驶员正确处理（　　）的关系。

A. 快与慢　　B. 得与失　　C. 有理与无理　　D. 好与坏

【解析】答案：D。

车辆保持良好的技术状况，在行车时不出故障，不“泡车”，才能够保证安全、顺利完成运输任务。

【鉴定点分布】汽车驾驶→安全驾驶→安全驾驶基础知识

50. 一名优秀的驾驶员除了必须具有强烈的责任感，良好的心理、生理素质和思想修养外，还要有高超的（　　）。

A. 车感　　B. 判断力　　C. 应变能力　　D. 技术水平

【解析】答案：D。

驾驶员的技术水平是保证行车安全、完成运输任务的必要条件。

【鉴定点分布】汽车驾驶→安全驾驶→安全驾驶基础知识

51. 机动车在冰雪路面上行驶时，应与前车保持约（　　）m 以上的安全距离。

A. 30　　B. 50　　C. 70　　D. 90

【解析】答案：B。

《中华人民共和国道路交通安全法实施条例》第四章第五节第 81 条规定，机动车在高速公路上行驶，遇有雾、雨、雪、沙尘、冰雹等低能见度气象条件时，应当遵守下列规定：（二）能见度小于 100 m 时，开启雾灯、近光灯、示廓灯、前后位灯和危险报警闪光灯，车速不得超过每小时 40 km，与同车道前车保持 50 m 以上距离。冰雪路面的路面附着系数极低，在冰雪路面上行驶时，同样车速的制动距离加长数倍。必须与前车保持比在干燥路面上行驶时更大的距离。

【鉴定点分布】汽车驾驶→安全驾驶→安全驾驶基础知识

52. 行车时应随时注意各种机动车的动向，尤其注意（　　），随时调整行车路线和行车速度。

A. 转向灯、制动灯的变化　　B. 转向灯及转向变化

C. 制动灯及制动情况　　D. 机动车的速度变化

【解析】 答案：A。

驾驶车辆在道路上行驶，必须注意前方各种车辆的制动灯、转向灯变化，随时做出反应，才能保证安全行车。

【鉴定点分布】 汽车驾驶→汽车驾驶理论→道路情况分析及处理

53. 驾驶机动车遇到畜力车时，应采用（　　）的处理方法。

A. 鸣笛示意、谨慎超越　　B. 尽量少鸣笛、谨慎超越

C. 鸣笛示意、不许超越　　D. 尽量少鸣笛、不许超越

【解析】 答案：B。

牲畜牵引的车辆，由于牲畜容易受惊，所以要少鸣笛，轻鸣笛，放宽距离，谨慎超越。

【鉴定点分布】 汽车驾驶→汽车驾驶理论→道路情况分析及处理

54. 机动车超越顺行成队的畜力车时，应观察（　　）宽窄，对面有无来车，是否有足够的间距等情况，方可超越。

A. 畜力车　　B. 本车　　C. 路幅　　D. 对面来车

【解析】 答案：C。

超越顺行成队的畜力车时，由于牲畜容易受惊，所以要少鸣笛，轻鸣笛，放宽距离，条件允许时，谨慎超越。

【鉴定点分布】 汽车驾驶→汽车驾驶理论→道路情况分析及处理

55. 由于摩托车具有体积小、加速性能好、速度快、稳定性差等特点，行车过程中遇见摩托车时要（　　），以防摩托车突然制动或摔倒。

A. 跟随行驶　　B. 保持足够的间距

C. 立即停驶　　D. 鸣笛驱赶

【解析】 答案：B。

摩托车体积小、加速性能好、速度快、灵活性好，稳定性差；驾驶摩托车的多为年轻人，对危险情况估计不足，所以遇到摩托车时要“保持足够的间距”，确保行车安全。

【鉴定点分布】 汽车驾驶→汽车驾驶理论→道路情况分析及处理

56. 下列属于摩托车特点的是（　　）。

A. 加速性能差、稳定性能差　　B. 加速性能好、稳定性能好

C. 加速性能好、稳定性能差　　D. 加速性能差、稳定性能好

【解析】 答案：C。

"加速性能好，稳定性能差"是摩托车的最突出特点。由于稳定性差，容易倾倒。

【鉴定点分布】汽车驾驶→汽车驾驶理论→道路情况分析及处理

57. 下列属于人力车特点的是（　　）。

A. 灵活力差、控制能力强　　B. 灵活性好、控制能力强

C. 灵活性差、控制能力差　　D. 灵活性好、控制能力差

【解析】答案：C。

人力车由于"人"的能力差异极大，总的情况是"灵活性差、控制能力差"。

【鉴定点分布】汽车驾驶→汽车驾驶理论→道路情况分析及处理

58. "摆动幅度大，遇情况不知躲避，往往突然停车或摔倒"所描述的是哪种人群的骑车特点（　　）。

A. 男青年　　B. 妇女　　C. 女青年　　D. 中年人

【解析】答案：B。

妇女由于生理特点，遇到情况容易慌张、不知所措。

【鉴定点分布】汽车驾驶→汽车驾驶理论→道路情况分析及处理

59. 驾驶机动车遇见儿童时，应采用何种处理方法（　　）。

A. 加快车速，迅速通过

B. 提前减速，必要时停车避让，切不能用鸣笛进行驱赶

C. 本着人道主义精神，设法低速缓慢绕行，不可恐吓或驱赶

D. 停车，不可行驶

【解析】答案：B。

儿童活泼、好动，缺乏交通安全意识，行动随意性大，遇到紧急情况会四散奔逃，或呆若木鸡不知所措。必须"提前减速，必要时停车避让，切不能用鸣笛进行驱赶"。

【鉴定点分布】汽车驾驶→汽车驾驶理论→道路情况分析及处理

60. 驾车遇到穿雨衣的行人时，可以（　　）。

A. 加速行驶　　B. 右转　　C. 左转　　D. 鸣喇叭

【解析】答案：D。

穿雨衣的行人听觉、视觉和行动都会受到影响，可轻"鸣喇叭"对其提示，切记：要注意其动向，随时做好停车准备。

【鉴定点分布】汽车驾驶→汽车驾驶理论→道路情况分析及处理

61. 机动车遇有骑自行车人超越行驶或互相追赶时，因其精神过分集中，易失去身体平衡，以致横滑摔倒或与其他车辆相撞，须与其（　　），避免并行，以免发生事故。

A. 错开行驶　　B. 靠近行驶　　C. 并排行驶　　D. 紧跟尾随

【解析】答案：A。

自行车有“小、快、灵、乱”的特点，遇有骑自行车人超越行驶或互相追赶时，要加大与自行车的侧向距离，防止其突然猛拐，措手不及。

【鉴定点分布】汽车驾驶→汽车驾驶理论→道路情况分析及处理

62. 机动车要超车时，前方车不让出超车空间，应该（　　）。

A. 继续超车

B. 紧跟其后、不断鸣喇叭

C. 停止超车、减速慢行或变更车道

D. 不断地鸣喇叭、继续超车

【解析】答案：C。

机动车要超车时，前方车不让路或让路不让速时，应暂时停止超车或变更车道，待时机成熟时再超车。

【鉴定点分布】汽车驾驶→汽车驾驶理论→一般道路驾驶

63. 前车为（　　）是允许行进中超车的。

A. 工作中的出租车　　B. 工作中的救护车

C. 工作中的工程救险车　　D. 工作中的消防车

【解析】答案：A。

《中华人民共和国道路交通安全法》第43条规定：同车道行驶的机动车，后车应当与前车保持足以采取紧急制动措施的安全距离。有下列情形之一的，不得超车：（三）前车为执行紧急任务的警车、消防车、救护车、工程救险车的。本题中只有出租车在行驶中可以超越，执行任务的救护车、工程救险车、消防车是特种车辆，在其执行任务时其他车辆不许超越，并要为其让路。注意：超越出租车时，不可超速行驶。

【鉴定点分布】基本要求→相关法规知识→交通安全法规

64. 下列不属于拖拉机特点的是（　　）。

A. 拖挂行驶，挂车左右摆动幅度大

B. 噪声较大

C. 车况较差，有的挂车无刹车和安全护网

D. 违章极少

【解析】答案：D。

拖拉机等农用机械车辆技术状况差，驾驶员的安全意识相对较低，对交通法规重视程度不够，违章较多。

【鉴定点分布】汽车驾驶→汽车驾驶理论→道路情况分析及处理

65. 机动车直线行驶时，为了准确发现行驶偏差，驾驶员应（　　）以便感觉到偏差。

A. 看远处　　B. 看近处

C. 看道路左边缘　　D. 看道路右边缘

【解析】 答案：C。

我国为左转向盘位汽车，驾驶员在车的左侧，观察道路左侧边缘较方便、准确。

【鉴定点分布】 汽车驾驶→汽车驾驶理论→一般道路驾驶

66. （　　）是保证弯道行驶安全的首要保障。

A. 充分了解汽车性能　　B. 充分了解弯道情况

C. 充分提高行驶速度　　D. 充分降低行驶速度

【解析】 答案：D。

汽车在转弯时，由于离心力的作用，车速过快时容易发生侧滑或甩尾，充分降低车速，可减少侧滑或甩尾现象。

【鉴定点分布】 汽车驾驶→汽车驾驶理论→一般道路驾驶

67. 汽车与拖拉机交会、超车时，两者之间的横向间距应适当（　　），以免发生剐蹭。

A. 加大　　B. 减小　　C. 不变　　D. 与横向间距无关

【解析】 答案：A。

拖拉机行驶时，由于车辆技术状况差，左右摆动幅度大，汽车超越拖拉机或与其会车时，要适当加大与拖拉机间的横向距离，避免剐蹭。

【鉴定点分布】 汽车驾驶→汽车驾驶理论→道路情况分析及处理

68. 机动车在弯道上行驶，根据需要合理地确定转弯路线、速度及转向时机，做到（　　）。

A. 减速、靠右行　　B. 鸣笛、靠右行

C. 增速、鸣笛、靠右行　　D. 减速、鸣笛、靠右行

【解析】 答案：D。

机动车在弯道上行驶，驾驶员能控制的是方向和车速。正确选择路线，可以确定适当的转弯半径；降低车速可以减小转弯半径，降低侧滑、甩尾的危险；在视线不良时，鸣笛可以提示对面来车，避免交通事故。

【鉴定点分布】 汽车驾驶→汽车驾驶理论→一般道路驾驶

69. 右转弯时应（　　）靠右行驶。

A. 加速　　B. 匀速　　C. 减速　　D. 全速

【解析】答案：C。

车辆右转弯时必须减速，打开右转向灯，提示右侧直行慢行车、行人前车右转弯。右转弯时会影响道路右侧的直行慢行车、行人等。开右转向灯、减速、观察右侧路面情况，确无安全隐患时，再转弯。

【鉴定点分布】汽车驾驶→汽车驾驶理论→一般道路驾驶

70. 当汽车车速提高到适合于换入高一级挡位时，所进行操作的第一步骤是，立即抬起加速踏板，同时迅速踩下离合器踏板，将变速杆置入（　　）。

A. 高一级挡位　B. 空挡　C. 低一级挡位　D. 不变

【解析】答案：A。

换挡时机很重要，要注意加速踏板（油门）和离合器踏板的配合。

【鉴定点分布】汽车驾驶→汽车驾驶理论→一般道路驾驶

71. 下列属于汽车高速挡换入低速挡操作步骤第一步的是（　　）。

A. 加空油后抬加速踏板

B. 抬起加速踏板，踩下离合器踏板

C. 一面松抬离合器踏板，一面平稳地踩下加速踏板

D. 迅速踏下离合器踏板，将变速杆推入低一级挡位

【解析】答案：B。

掌握降挡时机，注意加速踏板（油门）与离合器踏板的配合，可顺利降挡。

【鉴定点分布】汽车驾驶→汽车驾驶理论→一般道路驾驶

72. 机动车右转弯行驶时，后轮比前轮通过的位置要（　　），故形成转弯时的内外轮差。

A. 靠向右侧　B. 靠向左侧

C. 与前轮轨迹相同　D. 与前轮轨迹无关

【解析】答案：A。

车辆转弯时，车后轮的轨迹要偏向转弯一侧，形成转弯时的内外轮差。

【鉴定点分布】汽车驾驶→汽车驾驶理论→一般道路驾驶

73. “右手扶转向盘上缘，左手半打开车门并扶在前门窗框下沿或扶手上，上身向左斜出驾驶室向左转头，向后注视目标”所描述的是倒车技术中的（　　）方法。

A. 注视侧方倒车　B. 注视后车窗倒车

C. 注视后视镜倒车　D. 直接倒车

【解析】答案：A。

这是一般汽车的倒车方法，在倒车时要注意车两侧的障碍物，车速缓慢均匀，随

时调整方向。

【鉴定点分布】 汽车驾驶→安全驾驶→汽车倒车、掉头

74. 醉酒后驾驶机动车的，由公安机关交通管理部门约束至酒醒，处十五日以下拘留和暂扣（　　）机动车驾驶证，并处五百元以上两千元以下罚款。

A. 三个月以上六个月以下　　B. 两个月以上五个月以下

C. 三个月以上五个月以下　　D. 两个月以上六个月以下

【解析】 答案：A。

醉酒驾驶是交通法严格禁止的，驾驶员必须做到“开车不饮酒，饮酒不开车”。

【鉴定点分布】 基本要求→相关法规知识→交通安全法规

75. 当机动车通过积水路段时，车辆应该（　　）。

A. 加速通过　　B. 减速慢行　　C. 空挡滑行　　D. 正常行驶

【解析】 答案：B。

“慢过水”是保障过水安全的法宝。“慢”就有较充裕的时间处理情况。

【鉴定点分布】 汽车驾驶→汽车驾驶理论→一般道路驾驶

76. 机动车正确的行驶位置是（　　）。

A. 车道右边缘　　B. 车道正中央　　C. 车道左边缘　　D. 随意

【解析】 答案：A。

我国是左侧上行的道路，在一般道路上，靠右行驶，有利于保证安全。

【鉴定点分布】 汽车驾驶→汽车驾驶理论→一般道路驾驶

77. 机动车转弯行驶时，车型越大，前后轮迹差就（　　），所以转直角弯时，一定要注意弯道内侧的后轮。

A. 越少　　B. 越大　　C. 不变　　D. 逐渐减少

【解析】 答案：B。

汽车转弯时，由于车辆特性决定，在转弯时前后轮运动轨迹有差别，内侧后轮轨迹向内移动，必须“注意弯道内侧的后轮”，保证行车安全。车型越大，轴距就越大，轮距越宽，在转弯时，前后轮的轨迹差就越大。

【鉴定点分布】 汽车驾驶→汽车驾驶理论→一般道路驾驶

78. 机动车转弯时，要降低车速，给自己和其他人（　　）。

A. 留出更多时间　　B. 保持车速

C. 增加车速　　D. 与车速无关

【解析】 答案：A。

机动车转弯时，会产生离心力。车速越快，离心力的作用越大，加大车辆侧滑、

甩尾的可能性。所以在转弯时要“降低车速”。

【鉴定点分布】汽车驾驶→汽车驾驶理论→一般道路驾驶

79. 转动汽车转向盘动作要（　　），转动的角度要根据速度和希望转弯的角度来调节。

A. 迅速　　B. 轻柔　　C. 提前进行　　D. 可快可慢

【解析】答案：B。

汽车在行驶中，转动转向盘的动作要轻柔，切不可猛打方向。猛打方向会导致汽车急剧转向，引发侧滑，严重时汽车甩尾，引发交通事故。

【鉴定点分布】汽车驾驶→汽车驾驶理论→一般道路驾驶

80. 车辆准备一次顺行掉头时，汽车在行驶到离所选掉头地点约（　　）m以外应发出信号，即打开左转向灯。

A. 30　　B. 50　　C. 70　　D. 90

【解析】答案：B。

汽车掉头必须在50m以外发出信号，给后车留有充分处理时间。掉头时要观察后车动向，如不具备条件时，不准强行掉头。

【鉴定点分布】汽车驾驶→安全驾驶→汽车倒车、掉头

81. 转向盘的正确握法是两手分别握稳转向盘的左右两侧，一般右手握在时钟（　　）之间的位置。

A. 二、三时　　B. 三、四时　　C. 四、五时　　D. 五、六时

【解析】答案：C。

这是左上右下的握法，这样握转向盘，便于操控车辆，稳定性较好，在转弯、掉头时可避免两手交叉。

【鉴定点分布】汽车驾驶→汽车驾驶理论→一般道路驾驶

82. 机动车通过直角弯道时，首先要降低车速，判断道路宽窄，如果是向左转弯，应先靠路的（　　）侧行驶。

A. 右　　B. 左　　C. 中央　　D. 中线左

【解析】答案：A。

机动车向左转弯时，要顺利进入车道，向右可减少对对向来车的影响。

【鉴定点分布】汽车驾驶→汽车驾驶理论→弯道驾驶

83. 机动车通过直角弯道时，首先要降低车速，判断道路宽窄，如果是向右转弯应当偏向（　　），待车头接近内角点时迅速向（　　）转向。

A. 左侧　右侧　　B. 右侧　左侧　　C. 路中　左侧　　D. 路中　右侧

【解析】答案：D。

机动车向右转弯，要影响右侧的直行慢行车和行人等。降低车速，先向路中便于观察右侧交通状况，保证安全。

【鉴定点分布】汽车驾驶→汽车驾驶理论→弯道驾驶

84. 机动车右转弯时，一般（　　），两手转动转向盘，左手推送，右手顺势拉动。

A. 左手为主，右手为辅　　B. 右手为主，左手为辅

C. 左右手都为主　　D. 左右手都为辅

【解析】答案：B。

向右转弯时，右手为主向下拉转向盘，左手推送，转向准确，可以避免两手交叉。

【鉴定点分布】汽车驾驶→汽车驾驶理论→弯道驾驶

85. 机动车在急转弯道路行驶时，需要（　　）操作转向盘。

A. 倒手　　B. 左单手　　C. 不倒手　　D. 右单手

【解析】答案：A。

在急转弯道路上行驶，必须双手倒手操纵转向盘，避免双手交叉，准确转向。

【鉴定点分布】汽车驾驶→汽车驾驶理论→弯道驾驶

86. 机动车通过连续转弯车道的时候，应按不同角度的弯道逐个进行操作，但在通过一个弯道的时候，应（　　）。

A. 迅速加快速度　　B. 迅速减慢速度

C. 考虑下一个弯道的情况　　D. 马上驻车

【解析】答案：C。

机动车连续转弯，必须关注下一个转弯的情况，预先判断、做好准备，方能保证行车安全。

【鉴定点分布】汽车驾驶→汽车驾驶理论→弯道驾驶

87. 机动车连续转弯时要控制车速，尽可能避免紧急制动，以防止引起车辆（　　）。

A. 侧滑和甩尾　　B. 发动机熄火　　C. 制动失灵　　D. 加速失灵

【解析】答案：A。

弯道行驶，车速快、离心力大，会导致车辆侧滑或甩尾；紧急制动会使侧滑或甩尾加剧，机动车连续转弯，必须控制好车速。

【鉴定点分布】汽车驾驶→汽车驾驶理论→一般道路驾驶

88. 机动车行驶在较急的弯道上时，正确的操作方法是（　　）。

A. 需要双手握住转向盘，倒手操作转向盘

B. 需要双手握住转向盘，不倒手操作转向盘

C. 需要单手握住转向盘，倒手操作转向盘

D. 需要单手握住转向盘，不倒手操作转向盘

【解析】答案：A。

在急转弯道路上行驶，必须控制车速，双手倒手操纵转向盘，避免双手交叉，准确转向。

【鉴定点分布】汽车驾驶→汽车驾驶理论→弯道驾驶

89. 机动车行驶在狭窄山路会车时，应该（　　）。

A. 与山体无关而与两车车速有关　　B. 靠山体的一方先行

C. 不靠山体的一方先行　　D. 两车无须互让，正常会车

【解析】答案：C。

机动车在狭窄山路会车时，靠山体的一方要停车避让，留出足够路面宽度，让不靠山体一侧的车辆先行，保证行车安全。

【鉴定点分布】汽车驾驶→汽车驾驶理论→一般道路驾驶

90. 下列对机动车窄路直线行驶的描述正确的是（　　）。

A. 窄路直线行驶，关键是观察车后方的车辆动态

B. 观察前方路段是否有对向车辆，提前做好准备

C. 当前方路段有对向来车时，要迅速占用对向车道

D. 当前方路段有对向来车时，要迅速交会

【解析】答案：B。

《中华人民共和国道路交通安全法实施条例》第四章第二节第48条，在没有中心隔离设施或者没有中心线的道路上，机动车遇相对方向来车时应遵守下列规定：（二）在有障碍的路段，无障碍的一方先行；但有障碍的一方已驶入障碍路段而无障碍的一方未驶入时，有障碍的一方先行；（三）在狭窄的坡路，上坡的一方先行；但下坡的一方已行至中途而上坡的一方未上坡时，下坡的一方先行；（四）在狭窄的山路，不靠山体的一方先行；（五）夜间会车应当在距相对方向来车150米以外改用近光灯，在窄路、窄桥与非机动车会车时应当使用近光灯。窄路直线驾驶关键是注意观察前方路段是否有对向车辆，提前做好判断，前方路段有对向来车时要注意礼让，保证道路通畅。机动车窄路直线行驶重要的是提前准备，“礼让三先”，互相礼让，既能快速通过，又能保证安全。

【鉴定点分布】汽车驾驶→汽车驾驶理论→一般道路驾驶

91. 为避免汽车失去控制，严禁在山路弯道地段换挡和下坡时（　　）。

A. 鸣笛　　　B. 空挡滑行　　　C. 减低车速　　　D. 靠右行车

【解析】答案：B。

车辆下坡时，严禁空挡滑行。下坡时，汽车在重力分力的作用下，车速越来越快，必须在下坡前提前挂入低速挡位，利用发动机的牵阻作用，控制车速，保证安全。

【鉴定点分布】汽车驾驶→汽车驾驶理论→弯道驾驶

92. 汽车在转弯行驶时由于存在着内外轮差，因此在转弯时要注意（　　）的行驶轨迹，确保顺利转弯。

A. 外侧的前轮　B. 外侧的后轮　　C. 内侧的后轮　　D. 内侧的前轮

【解析】答案：C。

汽车在转弯时，存在内外轮差。车型越大，内外轮差越大。在转弯时要充分估计到车内侧的后轮运动轨迹经过的路径，许多路口事故就是驾驶员没有顾及内侧后轮的运动轨迹，造成交通事故。

【鉴定点分布】汽车驾驶→汽车驾驶理论→一般道路驾驶

93. 关于机动车在狭窄路上会车时叙述正确的是（　　）。

A. 两交会车辆同时快速通过，无须礼让

B. 先到达宽阔处的机动车先行

C. 先到达宽阔处的机动车让对方先行

D. 只要感觉可以通过无须互相让车

【解析】答案：C。

《中华人民共和国道路交通安全法实施条例》第四章第二节第48条，在没有中心隔离设施或者没有中心线的道路上，机动车遇相对方向来车时应遵守下列规定：（二）在有障碍的路段，无障碍的一方先行；但有障碍的一方已驶入障碍路段而无障碍的一方未驶入时，有障碍的一方先行；（三）在狭窄的坡路，上坡的一方先行；但下坡的一方已行至中途而上坡的一方未上坡时，下坡的一方先行；（四）在狭窄的山路，不靠山体的一方先行；（五）夜间会车应当在距相对方向来车150米以外改用近光灯，在窄路、窄桥与非机动车会车时应当使用近光灯。窄路直线驾驶关键是注意观察前方路段是否有对向车辆，提前做好判断，前方路段有对向来车时要注意礼让，保证道路通畅。机动车在窄路会车，先到达宽阔处的机动车必须停车让对向车通过，本车才能通过。如果互不相让，争道抢行，势必造成谁也过不去的局面。

【鉴定点分布】汽车驾驶→汽车驾驶理论→一般道路驾驶

94. 机动车下坡行驶时，（　　）以防止下坡时停车不及时发生事故。

A. 应加快行驶速度　　　　　　　B. 加快通过时间

C. 应加大与前车的距离　　　　　D. 应减小与前车的距离

【解析】答案：C。

机动车下坡行驶时，制动时还要克服重力分力的作用，制动距离加大，必须加大与前车的距离，防止追尾事故。

【鉴定点分布】汽车驾驶→汽车驾驶理论→一般道路驾驶

95. 车辆下坡行驶时，由于重力作用，速度较快，制动距离相对平地要长，因此尽量（　　）。

A. 滞后踩制动踏板　　B. 提前踩制动踏板

C. 提前进行驻车制动　　D. 不进行制动

【解析】答案：B。

车辆下坡行驶时，由于重力分力的作用，速度较快，制动距离比水平路面要大，要适当提前制动。

【鉴定点分布】汽车驾驶→汽车驾驶理论→一般道路驾驶

96. 为确保机动车平稳起步，正确的操作步骤是，首先（　　）将变速杆挂入一挡或二挡。

A. 放松驻车制动器手柄　　B. 适量踏下加速踏板

C. 踩下离合器踏板　　D. 放松离合器踏板

【解析】答案：C。

放松驻车制动器手柄，车辆才能顺利起步。不这样做会导致发动机熄火。加大油门，车辆可以起步行驶；长时间不放松驻车制动器，会导致驻车制动器损坏。

【鉴定点分布】汽车驾驶→汽车驾驶理论→一般道路驾驶

97. 机动车平稳起步的关键在于（　　）的配合。

A. 加速踏板和制动踏板　　B. 离合器踏板和加速踏板

C. 离合器踏板和制动踏板　　D. 离合器踏板、加速踏板和制动踏板

【解析】答案：B。

机动车平稳起步的关键在于离合器踏板、加速踏板（油、离配合）协调配合。变速器没有同步器的车辆对这一要求较高。在配置自动变速器的车辆上，不存在这一问题。

【鉴定点分布】汽车驾驶→汽车驾驶理论→一般道路驾驶

98. 一般汽车停车的操作方法分两个步骤，分别是（　　）。

A. 减速、停车　　B. 拉紧驻车制动器、踩制动踏板

C. 停车、开启右转向灯　　D. 开启左转向灯、踩制动踏板

【解析】答案：A。

行驶中的车辆需要停车时，首先选好停车位置，减速、停车。

【鉴定点分布】汽车驾驶→汽车驾驶理论→一般道路驾驶

99. 机动车停好后，离开汽车的操作中，对于离合器踏板和制动踏板的操作正确的是（　　）。

A. 无先后顺序

B. 应同时抬起两踏板

C. 制动踏板先抬起，离合器踏板后抬起

D. 离合器踏板先抬起，制动踏板后抬起

【解析】答案：D。

机动车停好后，离开车时要先抬离合器踏板，这时制动还起作用，如果忘记将变速器放至空挡，汽车不能移动，发动机会熄火。相反操作，车辆会向前"冲"，可能引发事故。

【鉴定点分布】汽车驾驶→汽车驾驶理论→一般道路驾驶

100. 汽车制动踏板的正确踏位是（　　）。

A. 将右脚掌置于制动踏板中央　　B. 将左脚前掌置于制动踏板中央

C. 将右脚掌心置于制动踏板中央　　D. 将左脚掌心置于制动踏板中央

【解析】答案：C。

采取这样踏位，在制动时便于用力踏稳，制动可靠。

【鉴定点分布】汽车驾驶→汽车驾驶理论→一般道路驾驶

101. 下列哪项不属于禁止超车的情况（　　）。

A. 前车欲超车时　　B. 前车速度太慢时

C. 前车因左转弯而变更车道时　　D. 前车因掉头而变更车道时

【解析】答案：B。

前车车速慢，可以超车。要注意，超车时不能超速。

【鉴定点分布】汽车驾驶→汽车驾驶理论→一般道路驾驶

102. 当汽车在道路上运行需要改变行驶方向、掉头行驶时，下列哪些地点允许机动车掉头行驶（　　）。

A. 广场　　B. 铁路岔口　　C. 隧道　　D. 桥梁

【解析】答案：A。

铁路岔口、隧道、桥梁是禁止机动车掉头的地点。注意：机动车在广场上掉头时，要注意四周情况，保证安全。

【鉴定点分布】汽车驾驶→安全驾驶→汽车倒车、掉头

103. 发现车辆行驶中有行驶偏差时，需要对行车位置进行修正，下列叙述正确的是（　　）。

A. 看近处容易感觉到偏差

B. 看远处容易感觉到偏差

C. 可以通过转向盘的位置发现车辆偏差

D. 可以通过后视镜发现车辆偏差

【解析】答案：C。

转向盘位置在直线行驶时，应在中间位置，观察转向盘位置，可判断出车辆行驶的位置偏差。

【鉴定点分布】汽车驾驶→汽车驾驶理论→一般道路驾驶

104. 转向盘的正确握法是两手分别握转向盘两侧，一般左手握在时钟（　　）之间的位置。

A. 七、八时　　B. 八、九时　　C. 九、十时　　D. 十、十一时

【解析】答案：C。

这种握法便于转向，可避免在转向时双手交叉。调整好座椅位置，驾驶车辆较放松。

【鉴定点分布】汽车驾驶→汽车驾驶理论→一般道路驾驶

105. 机动车减速行驶时，如果（　　）会引起剧烈抖动。

A. 降挡过快　　B. 降挡过慢　　C. 升挡过快　　D. 升挡过慢

【解析】答案：B。

机动车减速行驶时降挡过慢，发动机输出动力下降，会造成勉强行驶，轻则车辆抖动，重则发动机熄火，严重时造成传动系损坏。

【鉴定点分布】汽车驾驶→汽车驾驶理论→一般道路驾驶

106. 机动车上长坡途中动力不足时应及时逐级降挡，同时稳住加速踏板，但稳住加速踏板的位置不准超过踏板全程的（　　）。

A. 4/5　　B. 3/5　　C. 1/2　　D. 3/4

【解析】答案：D。

机动车上长坡途中动力不足时应及时逐级降挡，同时稳住加速踏板，使发动机稳定输出动力，同时要避免发动机长时间全负荷运转，防止发动机过热损坏。一般以发动机输出75%动力为适宜。

【鉴定点分布】汽车驾驶→汽车驾驶理论→一般道路驾驶

107. 机动车上坡时，需要比平路更大的动力，所以一般上坡之前需要（　　）。

A. 升高挡位　　　　　　　　B. 降低挡位

C. 先升高再降低挡位　　　　D. 先降低再升高挡位

【解析】答案：C。

机动车上坡时，由于重力分力的作用，需要比平路更大的动力，上坡前可先升高再降低挡位，储备较大动能，减少换挡次数。

【鉴定点分布】汽车驾驶→汽车驾驶理论→一般道路驾驶

108. 机动车坡道起步的操作顺序是（　　）：①确认周围安全；②挂入一挡；③稍用力踩加速踏板，离合器在半联动状态停顿；④继续踩加速踏板，慢慢将离合器踏板回位；⑤在离合器半联动状态，慢慢松驻车制动器操纵杆。

A. ②①③④⑤　　　　　　B. ②③①⑤④

C. ①②④③⑤　　　　　　D. ①②⑤③④

【解析】答案：D。

坡道起步，对加速踏板、离合器踏板、驻车制动器三者的协调配合度要求较高。要稳住加速踏板，使离合器半联动，松驻车制动器，车辆可平稳起步。

【鉴定点分布】汽车驾驶→汽车驾驶理论→一般道路驾驶

109. 机动车夜间及雨、雾、雪天临时停车，要打开（　　）。

A. 示廓灯和前照灯*　　　　B. 内饰灯和示廓灯

C. 内饰灯和后位灯　　　　D. 示廓灯和后位灯

*GB7258—2004《机动车运行安全技术条件》8.3.1 中示宽灯已改成“示廓灯”。

【解析】答案：A。

打开前照灯和示廓灯便于后车发现临时停车车辆，避免事故。

【鉴定点分布】汽车驾驶→汽车驾驶理论→一般道路驾驶

110. 机动车行驶在一些较小的凹凸不平道路时，可降低车速，踏下离合器踏板（　　），这样可以减轻车辆与障碍物的冲击力。

A. 滑行通过　　　　　　　B. 加速通过

C. 加挡快速通过　　　　　D. 减挡缓慢通过

【解析】答案：A。

机动车行驶在一些较小的凹凸不平道路时，降低车速，踏下离合器踏板滑行通过，以减轻车辆与障碍物的冲击力。

【鉴定点分布】汽车驾驶→汽车驾驶理论→汽车通过凸凹路面驾驶

111. 机动车行驶中遇到较大的凸形障碍物时应提前减速，驶近障碍物后（　　）通过。

A. 快速　　B. 低速缓慢　　C. 空挡滑行　　D. 利用惯性

【解析】答案：B。

机动车行驶中遇到较大的凸形障碍物，高度小于车辆最小离地间隙时应提前减速、降挡，接近障碍物后低挡匀速通过。高度大于车辆最小离地间隙时可以一侧车轮压在障碍物较低的一面，另一侧车轮压在平路上，低挡匀速通过，通过时注意车辆倾斜度不要过大，防止车辆侧翻。

【鉴定点分布】汽车驾驶→汽车驾驶理论→汽车通过凸凹路面驾驶

112. 下列不属于由于车辆总质量的增加而导致的后果是（　　）。

A. 起步时加速缓慢　　B. 制动减速困难

C. 增挡加速时间短　　D. 转向与通过性差

【解析】答案：C。

车辆总质量增加，车辆升挡时间加长。

【鉴定点分布】汽车驾驶→汽车驾驶理论→重车驾驶

113. 下列叙述错误的是（　　）。

A. 重车驾驶加挡时，各挡间的加速时间与距离比空车时缩短

B. 重车驾驶时，起步必须用一挡

C. 重车驾驶时汽车重心比空车时低

D. 重车驾驶不可急踏加速踏板提速

【解析】答案：A。

车辆总质量增加，车辆升挡时间加长。

【鉴定点分布】汽车驾驶→汽车驾驶理论→重车驾驶

114. 自动挡汽车，变速器操纵杆在（　　）位是倒挡位。

A. R　　B. N　　C. P　　D. D

【解析】答案：A。

R是英语 return 的第一个字母。

【鉴定点分布】汽车底盘的基本结构→汽车传动系的基础知识→汽车传动系的作用与组成

115.（　　）用来测量工件或材料的长度、宽度和厚度。

A. 塞尺　　B. 百分表　　C. 千分尺　　D. 钢直尺

【解析】答案：D。

钢直尺是钳工最常用的测量长度的一般精度量具，也称为钢板尺。

【鉴定点分布】基础知识→常用量具基础知识→量具种类

116. 游标卡尺可用来测量工件的内、外部尺寸和深度尺寸，是一种常用的中等精度的量具。其精度有（　　）。

A. 0.10 mm、0.05 mm、0.02 mm

B. 0.10 mm、0.02 mm、0.01 mm

C. 0.10 mm、0.05 mm、0.20 mm

D. 0.10 mm、0.05 mm、0.002 mm

【解析】 答案：A。

游标卡尺可用来测量工件的内、外部尺寸和深度尺寸，是一种常用的中等精度的量具。其精度有 0.10 mm、0.05 mm、0.02 mm。

【鉴定点分布】 基础知识→常用量具基础知识→量具种类

117. 千分尺用来测量工件的内、外部尺寸，常用的千分尺有 0～25 mm、25～50 mm、50～75 mm、75～100 mm 等多种规格。除（　　）的千分尺，其他规格的千分尺及标定千分尺时必须用标准杆。

A. 0～25 mm　　B. 50～75 mm

C. 75～100 mm　　D. 125～150 mm

【解析】 答案：A。

为保证千分尺的精度，测量量程不能做得很大，25 mm 为一个等级，超过 25 mm 时，测量精度不能保证。被测工件尺寸大时，要选用适当量程的千分尺。使用千分尺时，要标定千分尺的零线，每把千分尺有一个一一对应的标准杆，作为标定每把千分尺的标准杆。尺与尺的标准杆不能互换。

【鉴定点分布】 基础知识→常用量具基础知识→量具种类

118. 国际单位制基本量中长度的基本单位是（　　）。

A. kg　　B. dm　　C. mg　　D. m

【解析】 答案：D。

国际单位制基本量中长度的基本单位是米，用 m 表示。

【鉴定点分布】 基础知识→国际标准单位→国际单位制

119.（　　）是国际单位制中的基本量。

A. 质量、电流　　B. 克、米

C. 升　　D. 重量

【解析】 答案：B。

国际单位制重量的基本单位是克，用 g 表示；长度的基本单位是米，用 m 表示。

【鉴定点分布】 基础知识→国际标准单位→国际单位制

120. 使用百分表测量时将百分表测头（　　）抵住工件被测量面，使工件按一定要求移动或转动。

A. 随意　　B. 垂直

C. 倾斜 60°角　　D. 施加 100 N 的压力。

【解析】答案：B。

百分表是较为精密的比较式测量工具，测量时必须将百分表的测头与被测量工件表面垂直，才能测得准确的数据。

【鉴定点分布】基础知识→常用量具基础知识→精密量具的使用

121. 乘坐 9 人以上（含驾驶员）的载客汽车称为（　　）。

A. 客车　　B. 轻型客车　　C. 大型客车　　D. 旅行客车

【解析】答案：A。

GB7258—2004《机动车运行安全技术条件》3.2.2 客车（BUS）的定义为“主要用于载运乘客及其随身行李的商用车辆，包括驾驶员座位在内座位数超过 9 个。”

【鉴定点分布】汽车构造基本知识→汽车构造概述→汽车的分类

122. 我国车用汽油目前均根据（　　）划分牌号。

A. 十六烷值　　B. 蒸发性　　C. 辛烷值　　D. 安定性

【解析】答案：C。

汽油的辛烷值表示汽油的抗爆性，辛烷值高的汽油准许用较高的压缩比，发动机的热效率高。

【鉴定点分布】基础知识→汽油使用性能→汽油的抗爆性

123. 汽车使用的汽油性能包括汽油的蒸发性、（　　）、防腐性和清洁性。

A. 抗爆性、蒸发性　　B. 抗爆性、辛烷值

C. 抗爆性、安定性　　D. 蒸发性、着火性

【解析】答案：C。

汽车使用的汽油性能包括汽油的蒸发性、抗爆性、安定性、防腐性和清洁性。

【鉴定点分布】基础知识→汽油使用性能→汽油的蒸发性、汽车的抗爆性

124. 汽油发动机用润滑油黏度等级的选择主要考虑环境（　　）。

A. 温度　　B. 腐蚀性　　C. 抗氧化性　　D. 氧化安定性

【解析】答案：A。

汽油发动机用润滑油的黏度等级表示润滑油的黏温特性，不同等级的润滑油，适用的环境温度不同。

【鉴定点分布】基础知识→汽油发动机机油→汽油发动机机油的分类、级别知识

125. 机油黏度随着温度变化的特性称为（　　）。

A. 黏温特性　　B. 黏度特性　　C. 温度特性　　D. 流动特性

【解析】 答案：A。

汽油发动机用润滑油的黏度等级表示润滑油的黏温特性，不同等级的润滑油，适用的环境温度不同。

【鉴定点分布】 基础知识→汽油发动机机油→汽油发动机机油的分类、级别

126. 机油的牌号是根据（　　）℃时的运动黏度来划分的。

A. 130　　B. 120　　C. 90　　D. 100

【解析】 答案：D。

黏度是液体流动时内摩擦力的量度，机油的牌号是根据100℃时的运动黏度来划分的。

【鉴定点分布】 基础知识→汽油发动机机油→汽油发动机机油的分类、级别

127. 发动机润滑油15W/40中的字母W，表示（　　）系列，冬季使用，数字代表黏度等级。

A. 高温　　B. 低温　　C. 室温　　D. 车内温度

【解析】 答案：B。

发动机润滑油15W/40中的字母W，表示低温系列，冬季使用；数字代表黏度等级。15W/40称为多级油，机油黏温特性良好，可四季通用。

【鉴定点分布】 基础知识→汽油发动机机油→汽油发动机机油的分类、级别

128. 发动机润滑油具有密封、清洗、（　　）、减磨四大作用。

A. 封闭　　B. 冷却　　C. 清洁　　D. 减磨

【解析】 答案：B。

发动机润滑油具有密封、清洗、冷却、减磨四大作用。

【鉴定点分布】 基础知识→汽油发动机机油→汽油发动机机油的作用

129. 根据当地季节气温选用齿轮油牌号时，长江流域及其他冬季气温不低于－10℃的地区，可全年使用（　　）号油。但天气特别热或负荷特别重的车辆，可使用（　　）号油。

A. 90　140　　B. 70W　90　　C. 85W　90　　D. 75W　85W

【解析】 答案：A。

齿轮油的选用主要考虑黏温特性。在最低工作温度下的最大黏度保证汽车不经预热就可顺利起步，摩擦副得到可靠润滑；在最高工作温度下的黏度必须保证摩擦副的正常润滑、冷却及正常的消耗。

【鉴定点分布】基础知识→齿轮油→齿轮油选用

130. 齿轮油的使用性能包括齿轮油的（　　）。

A. 黏度、黏温性、抗磨性及低温流动性等

B. 黏温性、剪切安定性、氧化安定性和起泡性

C. 蒸发性、抗爆性、安定性、防腐性和清洁性

D. 发火性、蒸发性、低温流动性和黏度

【解析】答案：A。

齿轮油的使用性能包括齿轮油的黏度、黏温性、抗磨性及低温流动性等。

【鉴定点分布】基础知识→齿轮油→齿轮油选用

131. 应该使用合适黏度的齿轮油，齿轮油黏度牌号太高，将使燃料消耗量显著（　　）。

A. 减少　　B. 增加　　C. 无影响　　D. 随机

【解析】答案：B。

齿轮油黏度牌号太高，运动阻力加大，使油耗升高。

【鉴定点分布】基础知识→齿轮油→齿轮油选用

132. 发动机是汽车的动力装置，作用是将进入发动机气缸的燃料燃烧放出的（　　）并输出动力。

A. 热能转化为电能　　B. 热能转化为化学能

C. 热能转化为机械能　　D. 热能转化为冷却水温度

【解析】答案：C。

发动机是汽车的动力装置，作用是将进入发动机气缸的燃料燃烧放出的热能转化为机械能并输出动力。

【鉴定点分布】汽车构造→发动机的结构与作用→发动机的基本结构、发动机的基本作用

133. （　　）用在车辆上不便用液体润滑剂润滑的部位，如轮毂轴承、各拉杆球节、发电机轴承、水泵轴承、离合器轴承和传动轴花键等处。

A. 液体润滑剂　　B. 润滑脂

C. 粉末润滑剂　　D. 水基润滑剂

【解析】答案：B。

润滑脂用在车辆上不便用液体润滑剂润滑及相对负荷较轻的部位，如轮毂轴承、各拉杆球节、发电机轴承、水泵轴承、离合器轴承和传动轴花键等处。

【鉴定点分布】基础知识→润滑脂→润滑脂牌号与选用

134. 制动液是汽车液压制动系中传递压力的工作介质，其性能对汽车行驶安全性有（　　）影响。

A. 很大　　B. 没有　　C. 很少　　D. 极小

【解析】 答案：A。

制动液是汽车液压制动系中传递压力的工作介质，其性能对汽车行驶安全性有很大影响。制动液的沸点要高、吸湿性要小、黏度适当、有良好的化学安定性和防腐性能。

【鉴定点分布】 基础知识→制动液→制动液分类与选用

135. 根据制动液的组成成分和特性，一般分为醇型、（　　）、酯型、矿油型和硅油型五种。

A. 酒精型　　B. 甲醇型　　C. 醇醚型　　D. 水基型

【解析】 答案：C。

根据制动液的组成成分和特性，一般分为醇型、醇醚型、酯型、矿油型和硅油型五种。其中醇醚型和酯型统称为合成型，是目前广泛使用的品种。醇型制动液已被淘汰，矿油型制动液在我国未推广使用。硅油型制动液价格昂贵，目前难推广使用。

【鉴定点分布】 基础知识→制动液→制动液分类与选用

136. 不同品种的制动液（　　）混用。

A. 可以　　B. 不能

C. 随使用者习惯　　D. 无明确要求

【解析】 答案：B。

制动液使用时要注意：(1) 各种制动液不能混用；(2) 定期更换制动液，更换制动液时必须将制动系统清洗干净；(3) 制动液属于易燃品，注意防火，存放时避免阳光直射。

【鉴定点分布】 基础知识→制动液→制动液分类与选用

137. 乙二醇—水型防冻液的沸点高，挥发损失少，在使用中只需补充蒸发掉的水分即可，补充水分时需用（　　）。

A. 河水　　B. 自来水　　C. 纯水　　D. 任何水

【解析】 答案：C。

乙二醇—水型防冻液的沸点高，挥发损失少，在使用中只需补充蒸发掉的水分即可。它的冰点低，热容量大，冷却效率高；黏度小、流动性好。多数乙二醇—水型防冻液，其中多加有防腐剂和染色剂，可长期使用。它是目前常用的防冻冷却液，但乙二醇—水型防冻液有毒，对金属有腐蚀作用，并对橡胶有轻度的侵蚀。

【鉴定点分布】 基础知识→冷却液（防冻液）→冷却液（防冻液）牌号与选用

138. 根据使用地区冬季最低气温选用适当牌号的冷却液（防冻液），冰点最少应低于当地最低气温（　　）℃。

A. 3　　B. 10　　C. 5　　D. 15

【解析】 答案：C。

根据使用地区冬季最低气温选用适当牌号的乙二醇—水型冷却液（防冻液），冷却液（防冻液）的冰点最少应低于当地最低气温。乙二醇—水型冷却液（防冻液）一般可使用2～3年，进入冬季前，要检查冰点。乙二醇—水型冷却液（防冻液）有毒，不要入口或进入眼睛；不慎进入，立即用清水清洗。冰点最少应低于当地最低气温5℃。

【鉴定点分布】 基础知识→冷却液（防冻液）→冷却液（防冻液）牌号与选用

139. 为了增加轮胎与路面之间的（　　），防止横向和纵向滑移，在胎冠上制有各种花纹。

A. 附着力　　B. 黏着力　　C. 接触力　　D. 驱动力

【解析】 答案：A。

胎面是外胎的表层，包括胎冠、胎肩和胎侧三部分。胎冠与路面直接接触，承受冲击载荷和磨损，保护胎体免受机械损伤。为了增加轮胎与路面之间的附着力，防止横向和纵向滑移，在胎冠上制有各种花纹。胎肩是胎冠与胎侧的过渡部分，一般也制有各种花纹以利于防滑和散热。

【鉴定点分布】 基础知识→轮胎分类及使用→轮胎组成

140. 子午线轮胎耐磨性好，行驶里程比普通斜交轮胎长（　　）以上。

A. 5%　　B. 30%　　C. 80%　　D. 60%

【解析】 答案：A。

子午线轮胎耐磨性好，行驶里程比普通斜交轮胎长5%以上；滚动阻力小，节约燃料；承载能力大，减振性和附着性能好，胎面耐刺穿，自重较轻。

【鉴定点分布】 基础知识→轮胎分类及使用→子午线轮胎与斜交轮胎

141. 无内胎轮胎没有（　　），空气直接充入外胎和轮辋形成的密封腔中。

A. 内胎和压圈　　B. 内胎和垫带

C. 内胎和外胎　　D. 垫带和压圈

【解析】 答案：A。

无内胎轮胎没有内胎和压圈，空气直接充入外胎和轮辋形成的密封腔中，密封性由外胎和轮辋的接合面保证。

【鉴定点分布】 基础知识→轮胎分类及使用→有内胎轮胎、无内胎轮胎

142. 汽车选用的轮胎的速度等级必须与车辆（　　）相适应。

A. 最低行驶速度　　B. 最高行驶速度
C. 经济行驶速度　　D. 习惯行驶速度

【解析】答案：B。

汽车轮胎的速度等级，标志轮胎受压变形后，压力消失时恢复自身尺寸的能力。速度等级越高，恢复自身尺寸的能力越强。所选轮胎速度等级低于所需要的速度等级，汽车高速行驶时有可能出现轮胎驻波现象，造成轮胎异常损坏，爆胎，引发恶性交通事故。

【鉴定点分布】基础知识→轮胎分类及使用→轮胎速度等级

143. 汽车轮胎的（　　）、速度等级及负荷等级均标记在胎侧。

A. 磨损极限　　B. 尺寸规格　　C. 载荷量　　D. 充气压力

【解析】答案：B。

汽车轮胎的尺寸规格、速度等级及负荷等级均标记在胎侧，便于选用轮胎时查阅相关国家标准。

【鉴定点分布】基础知识→轮胎分类及使用→轮胎组成

144. 汽车同一车轴上应装用同一生产厂商，同一规格、结构、（　　）和磨损程度一致的轮胎。

A. 气压、负荷　　B. 层级、花纹
C. 直径、高宽比　　D. 大小

【解析】答案：B。

汽车同一车轴上应装用同一生产厂商，同一规格、结构、层级、花纹和磨损程度一致的轮胎。同一车上轮胎的花纹要一致。前轴禁止使用挂背翻新胎，挂背胎只能装在后轴使用。

【鉴定点分布】基础知识→轮胎分类及使用→轮胎组成

145. 二冲程发动机曲轴转一圈，活塞在气缸里往复行程两次，完成（　　）工作循环。

A. 一个　　B. 半个　　C. 两个　　D. 四个

【解析】答案：A。

二冲程汽油发动机第一冲程活塞上方进行换气、压缩，活塞下方进气；第二冲程活塞上方进行做功、换气，活塞下方预压缩。换气过程纵跨两个冲程。二冲程柴油发动机的工作循环与二冲程汽油机工作循环相似，不同的是进入气缸的不是可燃混合气而是新鲜空气，当活塞接近上止点时，喷油器向气缸燃烧室内喷入柴油，在适合着火的位置自行着火，形成火焰中心后燃烧做功。

【鉴定点分布】发动机的基本构造→发动机的分类→二冲程发动机

146. 汽车的总体构造基本上是由发动机、底盘、车身、（　　）四个部分组成。

A. 照明系　　B. 电气设备　　C. 行驶系　　D. 转向系

【解析】答案：B。

汽车的四大基本组成部分：发动机、底盘、车身、电气设备。

【鉴定点分布】汽车构造基本知识→汽车构造概述→汽车的总体构造

147. 行驶系由车架、车桥、（　　）、悬架等组成，其功用是把汽车各总成、部件连接成一整体，支撑全车并保证汽车行驶。

A. 车轮　　B. 轮胎　　C. 大梁　　D. 车身

【解析】答案：A。

汽车行驶系由车架、车桥、车轮、悬架等组成，其功用是把汽车各总成、部件连接成一整体，支撑全车并保证汽车行驶。

【鉴定点分布】汽车底盘的基本结构→汽车行驶系的基础知识→汽车行驶系的组成与作用

148. 汽油发动机通常由两大机构和（　　）大系统组成。

A. 两　　B. 三　　C. 四　　D. 五

【解析】答案：D。

汽油发动机一般由曲柄连杆机构、配气机构两大机构和起动系统、点火系、润滑系、冷却系和供给系五大系统组成。

【鉴定点分布】发动机的基本构造→发动机的基本组成→发动机的基本组成部分

149. 柴油发动机通常由（　　）大机构和四大系统组成。

A. 两　　B. 三　　C. 四　　D. 五

【解析】答案：A。

柴油发动机一般由曲柄连杆机构、配气机构两大机构和起动系统、润滑系、冷却系和供给系四大系统组成。

【鉴定点分布】发动机的基本构造→发动机的基本组成→发动机的基本组成部分

150. 发动机的活塞从油环槽下端面至活塞底面的部分称（　　），起到为活塞运动导向和承受侧压力的作用。

A. 活塞顶部　　B. 活塞裙部　　C. 活塞头部　　D. 活塞销座

【解析】答案：B。

发动机的活塞从油环槽下端面至活塞底面的部分称活塞裙部，与气缸壁直接接触，为活塞导向并承受侧向压力。

【鉴定点分布】发动机的基本构造→发动机曲柄连杆机构→发动机曲柄连杆机构的

作用

151. 发动机活塞位于下止点时，活塞顶上方整个空间的容积称为（　　）。

A. 气缸总容积　　B. 燃烧室容积

C. 气缸工作容积　　D. 气缸容积

【解析】 答案：A。

发动机活塞位于下止点时，活塞顶上方整个空间的容积称为气缸总容积，包括气缸工作容积和燃烧室容积。

【鉴定点分布】 发动机的基本构造知识→发动机的基本术语→发动机基本术语的定义

152. 发动机的压缩比指气缸总容积和燃烧室容积的（　　）。

A. 乘积　　B. 比值　　C. 差值　　D. 平均值

【解析】 答案：B。

发动机的压缩比指气缸总容积和燃烧室容积的比值。汽油发动机的压缩比 ε＝8～13；柴油发动机的压缩比 ε＝16～22。

【鉴定点分布】 发动机的基本构造→发动机的基本术语→发动机基本术语的定义

153. 发动机活塞从上止点移动到下止点，活赛顶面所经过的空间的容积称（　　）。

A. 燃烧室容积　　B. 气缸总容积

C. 气缸工作容积　　D. 气缸的容积

【解析】 答案：C。

发动机活塞从上止点移动到下止点，活塞顶面所经过的空间称为气缸工作容积，单位为 L。

【鉴定点分布】 发动机的基本构造→发动机的基本术语→发动机基本术语的定义

154. 发动机的活塞在上止点时，活塞顶上面整个空间的容积称（　　）。

A. 气缸总容积　　B. 燃烧室容积

C. 气缸工作容积　　D. 气缸的容积

【解析】 答案：B。

发动机的活塞在上止点时，活塞顶上面整个空间的容积称燃烧室容积，单位为 L。

【鉴定点分布】 发动机的基本构造→发动机的基本术语→发动机基本术语的定义

155. 发动机的曲轴正时齿轮与凸轮轴正时齿轮的传动比是（　　）。

A. 1∶1　　B. 1∶2　　C. 2∶1　　D. 1.5∶1

【解析】 答案：C。

四冲程点燃式发动机，发动机曲轴转两圈，活塞运动四个冲程，发动机点火做功一次；进排气门各开关一次，所以发动机曲轴转两圈，配气机构的凸轮轴只需转一圈，曲轴正时齿轮与凸轮轴正时齿轮的转动比是 2∶1。

【鉴定点分布】发动机的基本构造→发动机配气机构→发动机配气机构的作用

156. 曲柄连杆机构的功用是把燃烧气体作用在活塞顶上的力转变为曲轴的（　　），并通过曲轴对外输出机械能。

A. 力矩　　B. 弯矩　　C. 压力　　D. 转矩

【解析】答案：D。

曲柄连杆机构的功用是把燃烧气体作用在活塞顶上的压力（推动活塞沿气缸轴线作直线运动）转变为曲轴旋转的转矩，并通过曲轴对外输出机械能。

【鉴定点分布】发动机的基本构造→发动机曲柄连杆机构→发动机曲柄连杆机构的作用

157. 曲柄连杆机构由缸体、（　　）和曲轴飞轮组组成。

A. 活塞和曲柄　　B. 活塞连杆组

C. 活塞、连杆和曲轴　　D. 飞轮和曲柄

【解析】答案：B。

曲柄连杆机构由缸体、活塞连杆组和曲轴飞轮组三部分组成。

【鉴定点分布】发动机的基本构造→发动机曲柄连杆机构→发动机曲柄连杆机构的组成

158. 水冷发动机的气缸体通常与上曲轴箱铸成一体，气缸的排列方式主要有直列式、（　　）和对置式三种。

A. B 型　　B. X 型　　C. V 型　　D. L 型

【解析】答案：C。

水冷发动机的气缸体通常与上曲轴箱铸成一体，气缸的排列方式主要有直列式、V 型和对置式三种。V 型发动机结构紧凑，直列式发动机构造相对简单。

【鉴定点分布】发动机的基本构造→发动机曲柄连杆机构→发动机曲柄连杆机构的组成

159. 活塞环包括（　　）和油环，一般发动机每个活塞上装有 2～3 道气环和 1～2 道油环。

A. 梯形环　　B. 气环　　C. 导热环　　D. 压缩环

【解析】答案：B。

活塞环包括气环和油环，一般发动机每个活塞上装有 2～3 道气环和 1～2 道油环。

气环的作用是与润滑油共同保证活塞与气缸壁的密封，在做功冲程阻止气缸中的高温高压燃气大量漏入曲轴箱；在压缩行程阻止可燃混合气（柴油机是空气）进入曲轴箱，稀释润滑油；同时使活塞顶的大部分热量经气环传给气缸壁后再传给冷却液，由冷却液带走，保持活塞的正常温度。

【鉴定点分布】 发动机的基本构造→发动机曲柄连杆机构→发动机曲柄连杆机构的作用

160. 曲轴的作用主要是把由活塞连杆组传来的气体作用力转变为（　　），同时驱动配气机构和其他各种辅助装置。

A. 功率　　B. 直线运动　　C. 曲线运动　　D. 转矩（扭矩）

【解析】 答案：D。

发动机曲轴的作用主要是把由活塞连杆组传来的气体作用力转变为转矩（扭矩），同时驱动配气机构和其他各种辅助装置。

【鉴定点分布】 发动机的基本构造→发动机曲柄连杆机构→发动机曲柄连杆机构的作用

161. 凸轮轴的作用是控制各气缸的进、排气门的开、闭时刻，使之符合（　　），符合发动机的工作顺序，满足气门开度变化规律的要求。

A. 配气相位　　B. 点火正时　　C. 发动机转速　　D. 发动机负荷

【解析】 答案：A。

凸轮轴的作用是使各气缸的进、排气门按配气相位的要求开闭，符合发动机的工作顺序，满足气门开度变化规律的要求。

【鉴定点分布】 发动机的基本构造→发动机配气机构→发动机配气机构的作用

162. 配气机构的作用是按照发动机各缸的做功顺序和每一缸工作循环的要求，适时地开启和关闭各气缸的进、排气门，使可燃混合气（点燃式发动机）或新鲜空气（压燃式发动机）及时（　　）气缸，并将燃烧后的废气及时干净地（　　）气缸。

A. 进入　排出　　B. 排出　进入

C. 进入　进入　　D. 排出　存入

【解析】 答案：A。

配气机构的作用是按照发动机各缸的做功顺序和每一缸工作循环的要求，适时地开启和关闭各气缸的进、排气门，使可燃混合气（点燃式发动机）或新鲜空气（压燃式发动机）及时进入气缸，并将燃烧后的废气及时干净地排出气缸。

【鉴定点分布】 发动机的基本构造→发动机配气机构→发动机配气机构的作用

163. 气门密封锥面的锥角称为气门锥角，一般进气门锥角为（　　），排气门锥角为 45°。

A. 30° B. 20° C. 15° D. 50°

【解析】 答案：A。

气门密封锥面的锥角称为气门锥角，一般进气门锥角为 30°，排气门锥角为 45°。

【鉴定点分布】 发动机的基本构造→发动机配气机构→发动机配气机构的组成

164. 气门密封锥面的锥角称为气门锥角，一般进气门锥角为 30°，排气门锥角为（ ）。

A. 45° B. 40° C. 30° D. 50°

【解析】 答案：A。

气门密封锥面的锥角称为气门锥角，一般进气门锥角为 30°，排气门锥角为 45°。

【鉴定点分布】 发动机的基本构造→发动机配气机构→发动机配气机构的作用

165. 化油器式汽油机汽油供给装置包括（ ）。

A. 汽油滤清器、汽油表、汽油泵、输油管和化油器等

B. 汽油箱、汽油滤清器、空气滤清器

C. 汽油箱、汽油滤清器、汽油表、汽油泵和输油管等

D. 汽油表、汽油泵、输油管、空气滤清器和化油器等

【解析】 答案：C。

化油器式汽油机汽油供给装置包括汽油箱、汽油滤清器、汽油表、汽油泵和输油管等。

【鉴定点分布】 发动机的基本构造→化油器式汽油发动机燃料供给系的组成与作用→化油器式汽油发动机燃料供给系的组成

166. 发动机上润滑油的储存装置是（ ）。

A. 集滤器 B. 油道

C. 机油泵 D. 下曲轴箱（油底壳）

【解析】 答案：D。

发动机的下曲轴箱，一般称油底壳，其主要作用是储存发动机润滑油。

【鉴定点分布】 发动机的基本构造→发动机润滑系→发动机润滑系的作用

167. 发动机润滑系的作用是不断地将洁净的润滑油输送到各运动零件的（ ），形成油膜润滑。

A. 密封表面 B. 运动表面 C. 摩擦表面 D. 粗糙表面

【解析】 答案：C。

发动机润滑系的作用是不断地将一定数量，经过冷却、过滤、加压后洁净的润滑

油输送到各摩擦副运动零件的摩擦表面，形成油膜润滑。

【鉴定点分布】发动机的基本构造→发动机润滑系→发动机润滑系的作用

168. 机油滤清器的作用是滤除机油中的（　　）等杂质，保持润滑油的清洁，延长润滑油的使用寿命，保证发动机得到可靠的润滑。

A. 金属磨屑及胶质　　B. 金属及异物

C. 金属颗粒及胶质　　D. 金属颗粒及异物

【解析】答案：A。

机油滤清器的作用是滤除机油中的金属磨屑及胶质等杂质，保持润滑油的清洁，延长润滑油的使用寿命，保证发动机得到可靠的润滑。

【鉴定点分布】发动机的基本构造→发动机润滑系→发动机润滑系的作用

169. 汽车行车制动器装置根据传递制动力的介质分为（　　）和气压式两种。

A. 制动器式　B. 单回路式　C. 双回路式　D. 液力式

【解析】答案：D。

汽车行车制动器装置根据传递制动力的工作介质分为液力式和气压式两种。

【鉴定点分布】汽车底盘的基本结构→汽车制动系的组成与作用→汽车制动器的分类

170. 驻车制动器根据不同车型有手制动器和（　　）。

A. 变速杆联动驻车制动器　　B. 加速踏板驻车制动器

C. 脚踏驻车制动器　　D. 方向驻车制动器

【解析】答案：D。

驻车制动器根据不同车型有手制动器和方向驻车制动器。

【鉴定点分布】汽车底盘的基本结构→汽车驻车制动系→汽车驻车制动系的组成与作用

171. 制动液是（　　）制动系中传递压力的介质。

A. 液压　B. 气压　C. 驻车　D. 手制动

【解析】答案：A。

液压制动系统的制动液是利用液体的不可压缩性传递制动力。

【鉴定点分布】汽车底盘的基本结构→汽车液压制动系→汽车液压制动系的组成与作用

172. 高压空气是（　　）的工作介质。

A. 气压制动系统　　B. 手制动系统

C. 驻车制动系统　　D. 液压制动系统

【解析】答案：A。

气压制动系统的工作介质是高压空气，用总泵控制进入制动系统的高压空气的压力和流量决定制动力的大小（在地面附着力足够的情况下）。

【鉴定点分布】汽车底盘的基本结构→汽车气压制动系→汽车气压制动系的组成与作用

173. 汽车制动力不仅取决于制动力矩，还取决于轮胎与路面间的附着条件，即制动力只能（　　）地面附着力。

A. 大于或等于　　B. 小于或等于

C. 超过　　D. 有时大于

【解析】答案：B。

汽车制动力首先取决于汽车制动系的技术状况，在制动系技术状况良好的情况下，取决于轮胎与路面间的附着力，即制动力小于等于路面附着力。

【鉴定点分布】汽车底盘的基本结构→汽车制动系的组成与作用知识→汽车制动系的作用

174. 道路右侧的标志表示在该标志处（　　）。

A. 禁止鸣喇叭　　B. 必须鸣喇叭

C. 看驾驶员情绪　　D. 随机鸣喇叭

【解析】答案：A。

该标志表示在此标志 50 m 左右禁止鸣喇叭，以免影响其他人或单位工作、休息等。

【鉴定点分布】基础要求→相关法规知识→交通安全法规

175. 驻车制动器又称手制动器，其功用是使停驶的（　　），便于在坡道上起步，配合行车制动装置进行紧急制动或在行车制动装置失效时用于紧急制动。

A. 汽车驻车原地不动　　B. 行驶的汽车驻车原地不动

C. 用于紧急制动　　D. 坡道起步时拉紧，防止溜车

【解析】答案：A。

驻车制动器又称手制动器，其功用是使停驶的汽车驻车原地不动；汽车在坡道上起步时，与离合器、加速踏板配合，防止汽车起步时向下溜车；配合行车制动装置进行紧急制动或在行车制动装置失效时用于紧急制动。

【鉴定点分布】汽车底盘的基本结构→汽车驻车制动系→汽车驻车制动系的组成与作用

176. 汽车的制动过程是将汽车行驶的动能强制地转化为其他形式的能，大部分转

化为（　　），散发到大气中。

A. 化学能　　B. 热能　　C. 摩擦功　　D. 电能

【解析】 答案：B。

汽车的制动过程是将汽车行驶的动能强制地转化为其他形式的能，大部分转化为热能，散发到大气中。

【鉴定点分布】 汽车底盘的基本结构→汽车制动系的组成与作用→汽车制动系的作用

177. 汽车按驱动桥的多少可以分为单桥驱动（4×2）、双桥驱动（4×4）和三桥驱动（6×6），三桥驱动括号内后面数字6代表（　　）。

A. 驱动桥数　　B. 驱动轮总数　　C. 总轮数　　D. 总轴数

【解析】 答案：B。

汽车按驱动桥的多少可以分为单桥驱动（4×2）、双桥驱动（4×4）和三桥驱动（6×6）。第2个6代表驱动轮总数。

【鉴定点分布】 汽车底盘的基本结构→汽车传动系的基础知识→汽车驱动桥的组成与作用

178. 转向盘在转向轮发生偏转前能转过一定角度，这段角行程称为转向盘自由行程。一般转向盘的自由行程为（　　）。

A. 10～25 mm　　B. 0°～15°

C. 20 mm　　D. 10°～25°

【解析】 答案：D。

在转向时，由于转向系中各连接件和各传动副之间存在间隙，使转向盘在转向轮偏转前先转过一定角度，这段角行程称为转向盘自由行程。转向盘自由行程一般为10°～25°，不宜过大。

【鉴定点分布】 汽车底盘的基本结构→汽车转向系→汽车转向盘（方向盘）自由行程的作用

179. 汽车转向系的作用是实现汽车行驶方向的改变和保持汽车稳定的行驶路线，转向后（　　）。

A. 慢慢自动回正　　B. 驾驶员转动转向盘回正

C. 能迅速自动回正　　D. 看路面情况回正

【解析】 答案：C。

汽车转向系的作用是实现汽车行驶方向的改变和保持汽车稳定的行驶路线，转向后能迅速自动回正。在汽车受到外力干扰，当外力消失后，自动恢复原方向行驶。

【鉴定点分布】 汽车底盘的基本结构→汽车转向系→汽车转向传动机构的作用

180. 柴油机的燃料供给系统中高压油路供给装置包括（　　）。

A. 油箱、输油泵、柴油滤清器、低压油管等

B. 输油泵、柴油滤清器、化油器

C. 喷油器、喷油泵、高压油管等

D. 柴油表、输油泵、输油管等

【解析】 答案：C。

传统柴油机的燃料供给系统中高压油路供给装置由喷油器、喷油泵、高压油管等组成。

【鉴定点分布】 发动机的基本构造→压燃式发动机（柴油机）供给系→压燃式发动机（柴油机）供给系的组成

181. 柴油发动机统一式燃烧室是由凹形的活塞顶面与气缸盖底面所包围的单一内腔。采用这种燃烧室时，燃油直接喷射到燃烧室中，故又称为（　　）燃烧室。

A. 一次喷射式　　B. 间接喷射式

C. 分层式　　D. 直接喷射式

【解析】 答案：D。

柴油发动机统一式燃烧室是由凹形的活塞顶面与气缸盖底面所包围的单一内腔。采用这种燃烧室时，燃油直接喷射到燃烧室中，故又称为直接喷射式燃烧室。统一式燃烧室结构紧凑、热损失小、热效率较高。

【鉴定点分布】 发动机的基本构造→压燃式发动机（柴油机）供给系→压燃式发动机（柴油机）供给系的组成

182. 汽车前轮定位中的前轮外倾角的作用是（　　）。

A. 使转向车轮自动回正

B. 提高前轮行驶的安全性

C. 保持汽车直线行驶的稳定性，并促使转弯后的前轮自动回正

D. 减少或消除汽车前进中因车轮外倾和纵向阻力时车轮前端向外滚动所造成的滑移

【解析】 答案：B。

汽车前轮定位包括主销内倾角、前轮外倾角、主销后倾角、前轮前束。前轮外倾角主要是提高前轮行驶的安全性。

【鉴定点分布】 汽车底盘的基本结构→汽车行驶系的基础知识→车桥的组成与作用

183. 电压的单位是伏特，用（　　）表示。

A. A　　B. W　　C. Ω　　D. V

【解析】 答案：D。

电压的单位是伏特，为纪念发现电现象的英国科学家伏特，用其名字命名，用V表示。

【鉴定点分布】基础知识→电工学基础知识→电工学的基本概念（电压、电流、电阻、电容等）

184. 在部分电路的一段电路中，通过电路的电流与这段电路两端的电压成（　　）。

A. 反比　　B. 无关　　C. 正比　　D. 相等

【解析】答案：C。

部分电路欧姆定律：在部分电路的一段电路中，通过电路的电流与这段电路两端的电压成正比。

【鉴定点分布】基础知识→电工学基础知识→欧姆定律

185. 在部分电路的一段电路中，通过电路的电流与这段电路的电阻（　　）。

A. 成正比　　B. 无关　　C. 成反比　　D. 相等

【解析】答案：C。

部分电路欧姆定律：在部分电路的一段电路中，通过电路的电流与这段电路的电阻成反比。

【鉴定点分布】基础知识→电工学基础知识→欧姆定律

186. 电流所做的功，与加在负载两端的电压成正比，与通过负载的电流成（　　）。

A. 反比　　B. 相等　　C. 无关　　D. 正比

【解析】答案：D。

电流所做的功，与加在负载两端的电压成正比，与通过负载的电流成正比。

【鉴定点分布】基础知识→电工学基础知识→电功与电功率

187. 在并联电路中，总电流等于通过各分电阻（　　）。

A. 分电流之和　　B. 中任一分电流

C. 之和　　D. 电压

【解析】答案：A。

部分电路欧姆定律：在部分电路的并联电路中，通过电路的总电流，等于通过各分电阻电流之和，即：$I_{总}=I_1+I_2\cdots+I_n$。

【鉴定点分布】基础知识→电工学基础知识→欧姆定律

188. 串联电路中，电路两端的总电压等于（　　）。

A. 任一分电阻两端的电压　　B. 与分电阻无关

C. 各分电阻两端电压之和　　　　D. 等于第二电阻两端的电压

【解析】答案：C。

部分电路欧姆定律：串联电路中，电路两端的总电压等于各分电阻两端电压之和，即：$U_{总}=U_1+U_2+\cdots+U_n$。

【鉴定点分布】基础知识→电工学基础知识→欧姆定律

189. 串联电路中，每个电阻上分配到的电压与电阻值成（　　）。

A. 反比　　B. 相等　　C. 无关　　D. 正比

【解析】答案：D。

部分电路欧姆定律：串联电路中，每个电阻上分配到的电压与电阻值成正比，即：$U=IR$。

【鉴定点分布】基础知识→电工学基础知识→欧姆定律

190. 在电路中，任意两点间（　　）称为这两点间的电压。

A. 电动势　　B. 电流　　C. 电位差　　D. 电阻

【解析】答案：C。

在电路中，任意两点间电位差称为这两点间的电压。电压是导体中存在电流的必要条件。电压用符号U表示。

【鉴定点分布】基础知识→电工学基础知识→电工学的基本概念（电压、电流、电阻、电容等）的知识

191. 型号为 6-Q-105 型起动型蓄电池的额定电量是 105 A·h，其中 6 表示（　　）。

A. 有 6 个接线柱　　B. 额定电压为 6 V

C. 额定电流为 6 A　　D. 由 6 组单个电池串联组成

【解析】答案：D。

型号为 6-Q-105 型起动型蓄电池的额定电量是 105 A·h，其中 6 表示蓄电池由 6 组单个电池串联组成。蓄电池的额定电量是以 5%电流放电时，放电时间为 20 h。

【鉴定点分布】基础知识→蓄电池的分类与使用→蓄电池分类

192. 汽车上蓄电池与（　　）并联，同属汽车的低压电源。

A. 发电机　　B. 起动机　　C. 前照灯　　D. 制动系

【解析】答案：A。

汽车上蓄电池与发电机并联，同属汽车的低压电源。蓄电池在发动机起动时，向起动机提供 200～600 A 的启动电流；在发动机高速大负荷工作时，作为负载充电，将电能转换成化学能储存，为再次起动发动机做好能量储备；在发动机负荷变化时，同

时起到稳定电系电压，保护汽车其他用电器的作用。在发电机发电量小时，蓄电池与发电机一起向用电设备供电。

【鉴定点分布】基础知识→蓄电池的分类与使用→蓄电池使用

193. 蓄电池是一种（　　），它能把电能转变为化学能储存起来（蓄电池充电）；又能把化学能转变为电能（蓄电池放电），向用电设备供电。

A. 生物能源　　B. 化石能源　　C. 一次能源　　D. 化学能源

【解析】答案：D。

蓄电池是一种化学能源，它能把电能转变为化学能储存起来（蓄电池充电）；又能把化学能转变为电能（蓄电池放电），向用电设备供电。

【鉴定点分布】基础知识→蓄电池的分类与使用→蓄电池使用

194. 汽车上广泛采用铅酸蓄电池，其电极材料主要成分是铅（Pb）和铅的氧化物（PbO_2），电解液是（　　）。

A. 硝酸溶液　　B. 盐酸溶液

C. 硫酸、硝酸、盐酸的混合溶液　　D. 硫酸溶液

【解析】答案：D。

汽车上广泛采用铅酸蓄电池，其电极材料主要成分是铅（Pb）和铅的氧化物（PbO_2），电解液是硫酸溶液（$H_2SO_4+H_2O$）。

【鉴定点分布】基础知识→蓄电池的分类与使用→蓄电池分类

195. 蓄电池的电解液用专用硫酸和蒸馏水配制而成。电解液密度为（　　）（20℃时），可用密度计测定。

A. 12.4～12.8 g/cm^3　　B. 1.24～1.28 g/cm^3

C. 124～128 g/m^3　　D. 1.24～1.28 g/m^3

【解析】答案：B。

蓄电池的电解液用专用硫酸和蒸馏水配制而成。电解液密度为1.24～1.28 g/cm^3（20℃时），可用密度计测定。电解液密度随温度的改变而变化，一般当温度升高或降低1℃，其密度减小或增大0.000 7 g/cm^3。

【鉴定点分布】基础知识→蓄电池的分类与使用→蓄电池使用

196. 在使用中蓄电池电解液液面低于规定标准时，需补充（　　）。

A. 浓硫酸　　B. 自来水

C. 蒸馏水　　D. 硫酸与蒸馏水配制的电解液

【解析】答案：C。

在使用中蓄电池电解液液面低于规定标准时，需补充蒸馏水。在使用中水会蒸发，

电解液中的硫酸不会蒸发，补充电解液会增加电解液的比重，所以需要补充蒸馏水。自来水中含有钙、镁离子，不能加入蓄电池。

【鉴定点分布】 基础知识→蓄电池的分类与使用→蓄电池使用

197. 电流通过负载时，将电场能转换成其他形式的能叫（　　）。

A. 电功　　B. 电流　　C. 电压　　D. 电阻

【解析】 答案：A。

电流通过负载时，将电场能转换成其他形式的能，称为电流做功。电流做功的过程，是将电能转换成其他形式能量的过程（声、光、热等）。电流所做的功用符号 W 表示，单位为焦，用 J 符号表示。

【鉴定点分布】 基础知识→电工学基础知识→电工学的基本概念（电压、电流、电阻、电容等）

198. 通电导线的周围存在着磁场，这种现象称为（　　），这个磁场称为电磁场。

A. 电流的化学效应　　B. 电流的光效应

C. 电流的热效应　　D. 电流的磁效应

【解析】 答案：D。

通电导线的周围存在着磁场，这种现象称为电流的磁效应，这个磁场称为电磁场。

【鉴定点分布】 基础知识→电工学基础知识→电工学的基本概念（电压、电流、电阻、电容等）

199. 晶体二极管按结构可以分成（　　）两类。

A. 点接触和面接触　　B. 点接触和线接触

C. 面接触和线接触　　D. 单点接触和多点接触

【解析】 答案：A。

晶体二极管按结构可以分成点接触和面接触。

【鉴定点分布】 基础知识→电工学基础知识→晶体管基础知识

200. 晶体二极管加正向电压时导通，加反向电压时截止，这一导电特性称为晶体二极管的（　　）特性。

A. 单向导电　　B. 反向导电　　C. 双向导电　　D. 导通

【解析】 答案：A。

晶体二极管加正向电压时导通，加反向电压时截止，这一导电特性称为晶体二极管的单向导电特性。利用这一特性，晶体二极管可用来整流。

【鉴定点分布】 基础知识→电工学基础知识→晶体管基础知识

201. 电流放大系数是表示三极管的电流放大能力的参数。常用三极管的放大系数

（β值）一般在（　　）。

A. 10～20　　B. 20～200　　C. 200～259　　D. 300～500

【解析】答案：B。

电流放大系数是表示三极管的电流放大能力的参数。常用三极管的放大系数（β值）一般在20～200之间，三极管的电流放大作用是其最重要的性能之一。

【鉴定点分布】基础知识→电工学基础知识→晶体管基础知识

202. 晶体三极管有（　　）。中间为基区，两边分别为发射区和集电区。从这三个区引出相应的电极称为基极（b）、发射极（e）和集电极（c）。

A. 两个PN结和三个区　　B. 三个结两个区

C. 两个结两个区　　D. 三个结三个区

【解析】答案：A。

晶体三极管有两个PN结和三个区。中间为基区，两边分别为发射区和集电区。从这三个区引出相应的电极称为基极（b）、发射极（e）和集电极（c）。

【鉴定点分布】基础知识→电工学基础知识→晶体管基础知识

203. 汽车上与交流发电机配套使用的调节器主要有电磁振动式调节器和（　　）。

A. 双触点式调节器　　B. 单触点式调节器

C. 电子调节器　　D. 晶体管式调节器

【解析】答案：C。

汽车上与交流发电机配套使用的调节器主要有电磁振动式调节器和电子调节器。电子调节器按其结构可分为普通晶体管式调节器和集成电路调节器，目前汽车交流发电机主要采用集成电路调节器。

【鉴定点分布】基础知识→电工学基础知识→电压调节器的种类、组成与作用

204. 汽车用起动机按控制装置分为直接操纵式起动机和（　　）。

A. 惯性啮合式起动机　　B. 电磁操纵式起动机

C. 移动电枢式起动机　　D. 强制啮合式起动机

【解析】答案：B。

汽车用起动机按控制装置分为直接操纵式起动机和电磁操纵式起动机。目前占主导地位的是电磁操纵式起动机。

【鉴定点分布】发动机的基本构造→发动机起动系→发动机起动系的组成

205. 交流发电机是汽车中除蓄电池外的另一个重要电源。在发动机运转及汽车行驶的绝大部分时间里，由交流发电机发出的交流电经整流后向各用电设备供电，同时给蓄电池（　　）。

A. 漏电　　B. 用电　　C. 放电　　D. 充电

【解析】答案：D。

交流发电机是汽车中除蓄电池外的另一个重要电源。在发动机运转及汽车行驶的绝大部分时间里，由交流发电机发出的交流电经整流后向各用电设备供电，同时给蓄电池充电，为发动机起动时用电做好准备。

【鉴定点分布】基础知识→电工学基础知识→交流发电机的组成与作用

206. 汽车发动机起动系一般由起动机、控制继电器、（　　）等组成。

A. 点火开关　　B. 发电机

C. 电压调节器　　D. 硅二极管整流器

【解析】答案：A。

汽车发动机起动系一般由起动机（直流串励式电动机）、控制继电器、点火开关（启动挡）等组成。

【鉴定点分布】发动机的基本构造→发动机起动系→发动机起动系的组成

207. 在电路中，两个或两个以上用电器的首尾接在相同两点之间所构成的电路称为（　　）。

A. 串联电路　　B. 并联电路　　C. 复杂电路　　D. 内电路

【解析】答案：B。

两个或两个以上用电器的首尾接在相同两点之间所构成的电路叫作并联电路。

【鉴定点分布】基础知识→电工学基础知识→电工学的基本概念（电压、电流、电阻、电容等）

208. 按制作三极管的基片材料，三极管可分为（　　）两大类。

A. 硅管和锗管　　B. 硅管和铝管

C. 锗管和铝管　　D. 铝管和锌管

【解析】答案：A。

按制作三极管的基片材料，三极管可分为硅管和锗管两大类。硅管和锗管都有NPN和PNP两种管型。

【鉴定点分布】基础知识→电工学基础知识→晶体管基础知识

209. （　　）是三极管的最基本最重要的特性。

A. 电流放大作用　　B. 电流缩小作用

C. 电流稳压作用　　D. 电流控制作用

【解析】答案：A。

晶体三极管有三种工作状态：放大状态、截止状态和饱和状态。晶体三极管最基本最重要的特性是电流放大作用。

【鉴定点分布】基础知识→电工学基础知识→晶体管基础知识

210. 三极管实际上是一个电流分配器，它将发射极电流中的一小部分分配给（　　），而大部分分配给（　　），这种分配关系是由三极管的内部结构决定的。

A. 集电极　基极　　B. 基极　发射极

C. 集电极　发射极　　D. 基极　集电极

【解析】答案：D。

晶体三极管在放大状态，发射结正向偏置，集电结反向偏置。I_b、I_c、I_e的关系为$I_e=I_b+I_c$。I_b的微小变化，会引起I_c的较大变化，这就是三极管的电流放大作用。I_c的变化基本上与U_{ce}无关，只受I_b的控制。

【鉴定点分布】基础知识→电工学基础知识→晶体管基础知识

211. 汽车发动机起动时，向起动机提供强大的启动电流，那么强大的电流是由（　　）提供的。

A. 发电机　　B. 蓄电池　　C. 钥匙门　　D. 起动机

【解析】答案：B。

发动机起动时，蓄电池向起动机提供强大的启动电流（一般高达 200～600 A），同时还向点火式发动机点火系、仪表等供电。由于是大电流放电，所以一般使用起动机时间不超过 5 s，两次起动发动机之间的时间间隔大于 30 s。

【鉴定点分布】基础知识→蓄电池的分类与使用→蓄电池使用

212. 交流发电机的正二极管的引线为二极管的（　　），外壳为负极。管壳底上一般有（　　）标记。

A. 正极　黑色　　B. 负极　红色

C. 正极　红色　　D. 负极　黑色

【解析】答案：C。

二极管有两种，正极管和负极管。正二极管的引线为二极管的正极，外壳是负极。在管壳底上一般有红色标志。

【鉴定点分布】基础知识→电工学基础知识→交流发电机的组成与作用

213. 交流发电机的负极管的引线为二极管的（　　），外壳为正极，管底壳上一般有（　　）标记。

A. 正极　黑色　　B. 负极　黑色

C. 负极　红色　　D. 正极　红色

【解析】答案：B。

二极管有两种，正极管和负极管。负极管的引线为二极管的负极，外壳为正极，管底壳上一般有黑色标记。

【鉴定点分布】基础知识→电工学基础知识→交流发电机的组成与作用

214. 汽车（　　）开关，大多数装在转向盘右下方转向柱上，用右手操作。

A. 灯光　　B. 喇叭　　C. 转向　　D. 风窗玻璃刮水器

【解析】答案：D。

风窗玻璃刮水器开关，大多数装在转向盘右下方转向柱上，用右手操作。一般为三种刮水方式：快速连续刮水、慢速连续刮水、间歇操作刮水。

【鉴定点分布】汽车驾驶→汽车驾驶理论→一般道路驾驶

215. 铅蓄电池的充电过程是（　　）转变成（　　）的过程。

A. 电能　化学能　　B. 化学能　机械能

C. 化学能　电能　　D. 机械能　电能

【解析】答案：A。

铅蓄电池的充电过程是把电能转换成化学能的过程。蓄电池相当于较大的负载，防止电路中出现的瞬时高压，保护其他用电器原件，延长其使用寿命。

【鉴定点分布】基础知识→蓄电池的分类与使用→蓄电池使用

216. 汽车在起动时，自动变速器操纵杆应置于（　　）。

A. P 挡　　B. R 挡　　C. N 挡　　D. D 挡

【解析】答案：A。

汽车起动时，自动变速器换挡杆应放置在 P（P：英语“Park”的缩写第一个字母）挡。

【鉴定点分布】汽车底盘的基本结构→汽车传动系的基础知识→汽车液力自动变速器（AT）的组成与作用

217. 汽车发动机在起动前发现冷却液液量减少时，应（　　）。

A. 加注相应的冷却液　　B. 只可以加注水

C. 只可以加入防冻液　　D. 暂时可以不考虑

【解析】答案：A。

汽车发动机在起动前发现冷却液液量减少时，应补加同一牌号、同一冰点的乙二醇型发动机冷却液。因为每个牌号的乙二醇型发动机冷却液都含有多种对金属腐蚀起抑制作用的腐蚀抑制剂（由几种至十几种单剂组成）。不同牌号的冷却液混合后会破坏原冷却液腐蚀抑制剂的平衡，造成腐蚀。乙二醇水溶液的质量分数在 0～68%范围内时，其含量逐渐增加而冰点非线性下降，当乙二醇水溶液的质量分数达到 68%时冰点可达－68℃，当乙二醇的质量分数继续增加时冰点反而会回升，直至回升到－13℃。

【鉴定点分布】基础知识→冷却液（防冻液）→冷却液（防冻液）牌号与选用

218. 汽车加速踏板是用以控制汽油机的（　　）。

A. 油耗的　　B. 节气门的开度

C. 额定载荷的　　D. 柴油喷油泵柱塞的有效行程

【解析】答案：B。

汽车加速踏板是用以控制汽油机的节气门的开度。汽油机的节气门是进气量调节装置，改变节气门位置，即可改变进入发动机气缸可燃混合气的量，从而改变发动机的输出功率。

【鉴定点分布】发动机的基本构造→化油器式汽油发动机燃料供给系的组成与作用→化油器式汽油发动机燃料供给系的作用

219. 向左转动转向盘时的转法是（　　）为主用力开始转动，（　　）辅助转动。

A. 右手　左手　　B. 左手　右手

C. 左手右手都可以　　D. 始终用单手转动

【解析】答案：B。

向左转动转向盘时的转法是左手为主用力开始转动，右手辅助转动。这样可准确控制汽车转向，避免双手交叉。

【鉴定点分布】汽车驾驶→汽车驾驶理论→弯道驾驶

220. 汽车仪表盘上的符号的含义是（　　）。

A. 燃油量指示灯　　B. 机油压力报警灯

C. 安全指示灯　　D. 油箱盖开启键

【解析】答案：A。

汽车仪表盘上的含义是燃油量指示灯。正常情况，发动机起动时亮，发动机稳定后灭，燃油量达到危险线时亮，提示驾驶员尽快加油。

【鉴定点分布】汽车驾驶→汽车驾驶理论→一般道路驾驶

221. 制动液是（　　）制动系中传递压力的工作介质。

A. 液压　　B. 气压　　C. 驻车　　D. 手制动

【解析】答案：A。

汽车液压制动系统利用液体的不可压缩性传递制动压力，制动液是液压制动系中传递压力的工作介质。

【鉴定点分布】基础知识→制动液→制动液性能

222. 汽车发动机润滑油升压装置是指（　　）。

A. 安全阀　　B. 机油泵　　C. 给油压力表　　D. 机油滤清器

【解析】 答案：B。

汽车发动机润滑油升压装置是指机油泵。

【鉴定点分布】 发动机的基本构造→发动机润滑系→发动机润滑系的作用

223. 汽车发动机在运行过程中，如果报警灯亮时说明发动机（　　）。

A. 机油压力过大　　B. 机油压力正常

C. 机油压力过低　　D. 机油量不足

【解析】 答案：C。

汽车发动机在运行过程中，如果报警灯亮时说明发动机机油压力过低。引起机油压力过低的原因很多，必须查明原因，及时处理。

【鉴定点分布】 汽车简单故障的判断与排除→发动机常见故障与异响的判断→机油压力过低

224. 汽车仪表盘上的符号的含义是（　　）。

A. 制动盘指示灯　　B. 蓄电池指示灯

C. 冷却液温度　　D. 制动系统故障指示灯

【解析】 答案：D。

汽车仪表盘上的符号的含义是制动系统故障指示灯。

【鉴定点分布】 汽车简单故障的判断与排除→汽车底盘常见故障现象→制动系常见故障

225. 汽车在起动发动机前检查风扇皮带的松紧度是用拇指以 20 N（2 kg）的压力按下皮带，其挠度一般为（　　）。

A. 10～15 cm　　B. 1～1.5 cm　　C. 1～5 cm　　D. 1～5 mm

【解析】 答案：B。

检查风扇皮带的松紧度是用拇指以 20 N（2 kg）的压力按下皮带，其挠度一般为 1～1.5 cm。大于 1.5 cm，风扇皮带松，皮带打滑，发动机冷却能力下降，导致发动机散热不良。小于 1 cm 会损坏水泵轴和风扇皮带。

【鉴定点分布】 汽车简单故障的判断与排除→发动机常见故障与异响的判断→发动机过热

226. 发动机起动后应及时（　　），否则会造成发动机损坏。

A. 关闭百叶窗　　B. 关闭开关钥匙

C. 松开开关钥匙　　　　　　　　　D. 踩离合器

【解析】答案：C。

发动机起动后应及时松开开关钥匙，否则有可能造成发动机损坏（起动机损坏）。

【鉴定点分布】汽车简单故障的判断与排除→发动机常见故障与异响的判断→发动机异响

227. 夜间行车时用于从后方显示汽车宽度的灯称为（　　）。

A. 前照灯　　B. 前小灯　　C. 后尾灯　　D. 转向灯

【解析】答案：C。

夜间行车时用于从后方显示汽车宽度的灯称为后尾灯。GB7258—2004《机动车运行安全技术条件》8.3.1后尾灯已改成“后位灯”。

【鉴定点分布】汽车驾驶→汽车驾驶理论→一般道路驾驶

228. 汽车上的电流表是用以指示（　　）充电或放电的电流值。

A. 发电机　　B. 分电器　　C. 蓄电池　　D. 调节器

【解析】答案：C。

汽车上的电流表是用以指示蓄电池充电或放电的电流值。充电显示正值，放电显示负值。

【鉴定点分布】基础知识→电工学基础知识→仪表、警示装置

229. 在化油器式汽油发动机的化油器上，装有阻风门。常用于冷起动发动机、（　　），以及混合气过稀动力不足时。

A. 发动机正常运转　　　　　　　B. 升温运转

C. 停熄发动机　　　　　　　　　D. 汽车下坡时

【解析】答案：B。

化油器式汽油发动机的化油器上，装有阻风门。调节阻风门开度大小可以改变进入发动机气缸空气的量。发动机冷起动时，特别是在寒冷季节，为了提供极浓的可燃混合气，可减小阻风门开度，减少进入发动机气缸的空气量，加浓可燃混合气浓度，便于发动机起动。当可燃混合气过稀时，减小阻风门开度，亦可加浓可燃混合气浓度，使发动机输出更大功率，此时经济性变差。

【鉴定点分布】汽车简单故障的判断与排除→发动机简单故障判断→发动机供给系的简单故障判断

230. 发动机转速表用于调整发动机怠速时检视转速，检视发动机维持最高效率时的（　　）。

A. 每分钟转速　　　　　　　　　B. 动力

C. 行驶里程　　　　　　　　　　D. 油耗量

【解析】 答案：A。

发动机转速表是检视发动机工作时每分钟的转速，维持发动机最低稳定转速和高速运转时不超过设计转速。

【鉴定点分布】 基础知识→电工学基础知识→仪表、警示装置

231. 发动机怠速转速可以通过调整风门大小等来调整其高低。一般来讲，怠速转速以发动机不抖动时的（　　）为最佳。

A. 最低转速　　B. 最高转速　　C. 平均转速　　D. 行驶转速

【解析】 答案：A。

发动机怠速转速可以通过调整风门大小等来调整其高低。一般来讲，怠速转速以发动机不抖动时的最低转速为最佳。发动机转速过低，燃烧过程变差，在调整发动机怠速时，不能只追求低转速，还必须保证满足日益严格的环保法规的要求。

【鉴定点分布】 发动机的基本构造→化油器式汽油发动机燃料供给系的组成与作用→化油器式汽油发动机燃料供给系的作用

232. 怠速转速是维持发动机没有做功时正常运转的（　　）。

A. 最高转速　　　　　　　　　　B. 最低稳定转速

C. 平均转速　　　　　　　　　　D. 理想转速

【解析】 答案：B。

怠速转速是维持发动机没有做功时正常运转的最低稳定转速。一般来讲，怠速转速以发动机不抖动时的最低转速为最佳。发动机转速过低，燃烧过程变差，在调整发动机怠速时，不能只追求低转速，还必须保证满足日益严格的环保法规的要求。

【鉴定点分布】 发动机的基本构造→化油器式汽油发动机燃料供给系的组成与作用→化油器式汽油发动机燃料供给系的作用

233. 汽车发动机的起动顺序是确认驻车制动有效制动，变速器置入空挡和将钥匙转到“（　　）”位置，停几秒钟后松开。

A. ON　　B. START　　C. ACC　　D. LOCK

【解析】 答案：B。

“START”的中文含义是开动、起动。将钥匙旋到“START”是起动发动机。切记：发动机起动后要迅速松开钥匙，使钥匙返回“ON”位置，以免损坏起动机。

【鉴定点分布】 发动机的基本构造→发动机起动系→发动机起动系的作用

234. 汽车发动机点火开关的“LOCK”位置，表示发动机（　　）位置。

A. 工作　　　　　　　　　　B. 停熄发动机，但可以使用电气位

C. 锁住转向盘，插拔钥匙位　　　D. 点火

【解析】答案：C。

LOCK的中文含义是锁止、锁住。在此位置转向盘锁住，可以插入或拔出车钥匙。

【鉴定点分布】发动机的基本构造→发动机起动系→发动机起动系的作用

235. 统计数字显示：发动机部件的磨损，有超过90%的比例是在冷车发动后3 min内造成的，因此，应正确地进行（　　）。

A. 起动　　B. 着车　　C. 热车　　D. 怠速

【解析】答案：C。

发动机冷起动时的3 min内，发动机润滑油还没到达发动机的各摩擦副，摩擦副间的润滑油膜还没充分形成，处于干摩擦或边界润滑状态，磨损较大。发动机冷起动时，要正确热车。

【鉴定点分布】发动机的基本构造→发动机润滑系→发动机润滑系的作用

236. 电子控制点火系统由（　　）直接驱动点火线圈进行点火。

A. ECU　　B. 点火控制器　　C. 分电器　　D. 转速信号

【解析】答案：A。

电子控制点火系统由计算机（ECU）直接驱动点火线圈点火。

【鉴定点分布】发动机的基本构造→电控汽油发动机点火系的组成与作用→电控汽车发动机点火系的作用

237. 电控燃油喷射系统由电控单元、（　　）和执行器三大部分组成。

A. 传感器　　B. 感应器　　C. 传送器　　D. 传输器

【解析】答案：A。

电控燃油喷射系统由电控单元、传感器和执行器三大部分组成。电控单元是一台计算机，接收来自各传感器的电信号，对这些电信号处理后，发出相应的指令给执行器。执行器按计算机的指令完成具体的动作。

【鉴定点分布】发动机的基本构造→电控汽油发动机的组成与作用→电控汽油发动机的组成

238. 执行器是执行计算机的命令，将计算机的电信号指令转化为（　　）并做功的装置。

A. 热运动　　B. 往复运动　　C. 机械运动　　D. 自由振动

【解析】答案：C。

执行器是执行计算机的命令，将计算机的电信号指令转化为机械运动并做功的装置。执行器有多种类型，有液压、气动元件，电气元件。常用的有继电器、电动机、

电磁线圈等。

【鉴定点分布】发动机的基本构造→电控汽油发动机的组成与作用→电控汽油发动机的组成

239. 传感器是将检测到的非电量信号转换成（　　）的元件。

A. 机械信号　　B. 电信号　　C. 生物信号　　D. 压力信号

【解析】答案：B。

传感器是将检测到的非电量信号转换成电信号的元件。它向计算机提供由转速、压力、温度、流量、位移等转换成的电信号。

【鉴定点分布】发动机的基本构造→电控汽油发动机的组成与作用→电控汽油发动机的组成

240. 汽油喷射发动机的汽油喷射装置按喷油方式分为（　　）。

A. 连续喷射方式和间歇喷射方式

B. 单点喷射方式和多点喷射方式

C. 直接测量式和间接测量式

D. 开环控制方式和闭环控制方式

【解析】答案：A。

汽油喷射发动机的汽油喷射装置按喷油方式分为连续喷射方式和间歇喷射方式。

【鉴定点分布】发动机的基本构造→电控汽油发动机点火系的组成与作用→电控汽油发动机点火系的组成

241. 电喷发动机的维护项目中，分电器盖与高压线检查的合格要求为（　　）。

A. 分电器盖无裂纹、高压线连接可靠、无破损

B. 虽然分电器盖有裂纹，但高压线连接可靠

C. 高压线连接牢固、但分电器盖有裂纹

D. 分电器盖有裂纹、高压线连接松动

【解析】答案：A。

电喷发动机的维护要检查分电器盖无裂纹、高压线连接可靠、无破损，保证可靠点火。

【鉴定点分布】汽车维护检修→汽车维护→汽车维护的项目

242. 下列对电喷发动机的维护方法描述有误的是（　　）。

A. 检查微电脑插头是否牢固可靠地插在插座内

B. 检查点火线圈接点，确认连线牢固、可靠

C. 交流发电机接头不作为维护项目

D. 检查燃油管路接头，确认牢固、可靠、无泄漏现象

【解析】答案：C。

电控汽油喷射发动机维护要检查点火系的各传感器、执行器、计算机（ECU）的连接导线接头、插头是否可靠，线路有无磨损。供给系的接头是否可靠，有无泄漏。

【鉴定点分布】汽车维护检修→汽车维护→汽车维护的项目

243. 下列对电喷发动机的维护方法描述有误的是（　　）。

A. 进气系统各软管及真空管接头不作为维护项目

B. 检查蓄电池连线，确认清洁、牢固、可靠

C. 检查分电器盖与高压线，确认分电器盖无裂纹，高压线连接可靠，并保持清洁

D. 检查进气系统各软管及真空接头，确认牢固、可靠、无泄漏现象

【解析】答案：A。

电控汽油喷射发动机维护要检查进气系统各软管及真空接头，确认牢固、可靠、无泄漏现象。

【鉴定点分布】汽车维护检修→汽车维护→汽车维护的项目

244. 电喷发动机的维护项目中，检查蓄电池连线要确认（　　）。

A. 清洁　　　　B. 牢固

C. 可靠　　　　D. 清洁、可靠、牢固

【解析】答案：D。

电喷发动机的维护项目中，检查蓄电池连线要确认导线连接可靠，无磨损，接头处清洁、无腐蚀。

【鉴定点分布】汽车维护检修→汽车维护→汽车维护的项目

245. 电控汽油喷射发动机常见故障有氧传感器污染、喷油雾化不良和（　　）。

A. 压力调节器故障　　　　B. 喷油器结焦堵塞

C. 汽油滤清器堵塞　　　　D. 冷起动阀失效

【解析】答案：B。

油于燃油质量不十分稳定，电控汽油喷射发动机常见故障有喷油器结焦堵塞、喷油雾化不良、氧传感器污染等。

【鉴定点分布】发动机的基本构造→电控汽油发动机燃料供给系的组成与作用→电控汽油发动机燃料供给系的作用

246.（　　）能造成ATF油变质。

A. ATF油中添加剂加注过量　　　　B. 发动机功率不足

C. 发动机怠速不稳　　D. ATF 油滤清器损坏

【解析】 答案：D。

ATF 油滤清器损坏，不能滤掉有害的磨粒、胶质、灰尘等有害物，使 ATF 油变质，造成自动变速器损坏。

【鉴定点分布】 基础知识→液力传动油→液力传动油的选用与使用

247. 当 ATF 油呈褐色时，可判断为（　）。

A. 过热变质　　B. 添加剂加注过量

C. 冷却液混入　　D. 机油掺入

【解析】 答案：A。

ATF 油呈褐色时，说明油中的炭颗粒含量过多。炭颗粒是液力传动油温度过高，氧化造成的。

【鉴定点分布】 基础知识→液力传动油→液力传动油的选用与使用

248. 总容量为 5.3 L 的 OIM 型自动变速器的变速器油采用传统方法更换时，它的换油量为（　）L。

A. 2　　B. 3　　C. 5.3　　D. 4

【解析】 答案：C。

自动变速器换油时必须将旧油全部排干净，清洗油路，按该型号自动变速器规定的液力传动油牌号、数量加注新油。总容量为 5.3 L 的 OIM 型自动变速器的变速器油采用传统方法更换时，换油量为 5.3 L。

【鉴定点分布】 基础知识→液力传动油→液力传动油的选用与使用

249. 加注新自动变速器油之前，应（　）。

A. 清洗油路　　B. 将发动机怠速运转

C. 将旧油彻底排出　　D. 将车辆预热

【解析】 答案：C。

自动变速器换油时必须将旧油全部排除干净，清洗油路，再加注新自动变速器油。

【鉴定点分布】 基础知识→液力传动油→液力传动油的选用与使用

250. 为了能彻底排出旧变速器液压油，应采取（　）。

A. 传统排油法　　B. 通过螺栓放油

C. 专用换油设备　　D. 用压缩空气

【解析】 答案：C。

自动变速器换油时必须将旧油全部排除干净，清洗油路，再加注新自动变速器液压油。为了能彻底排出旧变速器液压油，应采用专用换油设备。

【鉴定点分布】基础知识→液力传动油→液力传动油的选用与使用

251. 自动变速器（处于冷态）液压油在加注时加注量应为（　　）。

A. 油尺刻线的下限以上附近　　B. 原容量

C. 根据油温可高可低　　D. 高于原容量

【解析】答案：A。

自动变速器加注液压油时，油温低（21℃，70℉），加注量为油尺刻线的下限以上附近（或油尺的“ADD”记号附近）；如果在变速器正常工作温度（82℃，180℉），油量应在油尺刻线上限附近（或油尺的“HOT”记号附近）。

【鉴定点分布】基础知识→液力传动油→液力传动油的选用与使用

252. 能造成ATF油内有泡沫并变质的原因有（　　）。

A. ATF油量略亏　　B. 添加剂加注过量

C. ATF油中混入冷却液　　D. ATF过热变质

【解析】答案：D。

能造成ATF油内有泡沫并变质的原因有ATF油加注过量，ATF过热变质，长时间拖车没切断动力传递等。

【鉴定点分布】基础知识→液力传动油→液力传动油的选用与使用

253. 更换自动变速器液压油时，须彻底排除旧油是因为（　　）。

A. 新、旧油的生产日期不一样　　B. 新、旧油的型号不一样

C. 新、旧油生产厂商不一样　　D. 新、旧油黏度不一样

【解析】答案：D。

自动变速器换液压油时，须彻底排除旧油是因为旧油的黏度、酸值、黏温特性、闪点、铁含量、戊烷不溶物等多种指标已达到报废标准。旧油中这些有害物混入新油，会污染新油，降低新油的性能，造成自动变速器损坏。

【鉴定点分布】基础知识→液力传动油→液力传动油的选用与使用

254. 汽车轮毂轴承是用（　　）润滑的。

A. 齿轮油　　B. 机油　　C. 润滑脂　　D. 柴油

【解析】答案：C。

车轮轮毂的工作环境不宜用液体润滑剂润滑，只能用润滑脂润滑。车上类似的部位还有各拉杆球节、发电机轴承、水泵轴承、离合器轴承、传动轴花键及传动轴中间支撑轴承等不适宜用液体润滑剂的部位。

【鉴定点分布】基础知识→润滑脂→润滑脂牌号与选用

255. 冬季未加防冻液的汽车，车辆停驶后，应及时放掉发动机冷却系内的冷却

水，以防冻结。放水开关有（　　）个。

A. 一　　B. 两　　C. 三　　D. 四

【解析】答案：B。

未使用防冻液的汽车，环境温度低于0℃，每天停驶后，必须放净发动机冷却系内的冷却水。水的特性是在冰点以下结冰时体积膨胀，能量极大，会导致发动机缸体、缸盖、散热器等部位损坏。

【鉴定点分布】基础知识→冷却液（防冻液）→冷却液（防冻液）牌号与选用的知识

256. 发动机工作时，化油器出现“回火”现象，原因可能是（　　）。

A. 可燃混合气过浓　　B. 可燃混合气过稀

C. 化油器浮子室内油面过高　　D. 化油器主量孔开度过大

【解析】答案：B。

发动机工作时，可燃混合气过稀，燃烧速度极慢，燃烧过程延迟到进气门打开时，点燃刚刚进入气缸的可燃混合气，这就是化油器“回火”现象。引起化油器“回火”的原因还有点火提前角过大、点火顺序混乱、配气相位不准确等。

【鉴定点分布】汽车简单故障的判断与排除→发动机简单故障判断→发动机供给系的简单故障判断

257. 可燃混合气过稀，会造成（　　）。

A. 发动机无负荷工作时反应灵敏　　B. 发动机过热

C. 火花塞电极积炭过多　　D. 发动机容易起动

【解析】答案：B。

可燃混合气过稀，火焰传播速度慢，传导到冷却系的热量增加，导致发动机过热，发动机功率、转矩下降。驾驶员为使汽车发动机得到较大输出功率，增加发动机转速，使发动机在大负荷区工作，更加快发动机过热。引起发动机过热的原因还有冷却系冷却能力下降，点火系工作不正常、环境温度等诸多因素。

【鉴定点分布】汽车简单故障的判断与排除→发动机简单故障判断→发动机供给系的简单故障判断

258. 发动机供油系统正常工作，但发动机油耗急剧增加，其可能原因为（　　）。

A. 进气系统泄漏　　B. 进气系统堵塞

C. 尾气排放超标　　D. 进气管通畅

【解析】答案：B。

发动机供油系统工作正常，发动机油耗增加最直接的原因之一是进气系统堵塞。进气系统堵塞时，进入气缸的空气量减少，燃烧不充分，排气冒黑烟、发动机尾气排放超标。引起发动机油耗急剧增加的因素还有发动机拉缸、点火系故障、传动系故障、制动系故障等诸多因素。

【鉴定点分布】 汽车简单故障的判断与排除→发动机简单故障判断→发动机供给系的简单故障判断

259. 在化油器式汽油发动机的化油器上，装有阻风门。阻风门拉手一般安装在仪表盘左下侧，用来控制（　　）。

A. 化油器阻风门的开闭　　B. 发动机的转速

C. 行驶速度　　D. 发动机的温度

【解析】 答案：A。

化油器的阻风门用来控制阻风门的开闭。阻风门的作用是改变进入发动机气缸的空气量，改变可燃混合气的浓度。

【鉴定点分布】 发动机的基本构造→化油器式汽油发动机燃料供给系的组成与作用→化油器式汽油发动机燃料供给系的组成

260. 可燃混合气过浓，原因可能是（　　）。

A. 主量孔开度过小或堵塞　　B. 主量孔开度过大

C. 尾气排放严重超标　　D. 进气管通畅

【解析】 答案：B。

化油器主量孔开度过大可导致可燃混合气过浓。引起可燃混合气过浓的原因还有化油器浮子损坏、进气系统堵塞、化油器浮子室油面过高等。

【鉴定点分布】 汽车简单故障的判断与排除→发动机简单故障判断→发动机供给系的简单故障判断

261. 电控汽油喷射发动机常见故障有氧传感器污染、（　　）和喷油器结焦堵塞。

A. 电动泵损坏　　B. 分配管堵塞

C. 冷起动阀失效　　D. 喷油雾化不良

【解析】 答案：A。

电动泵损坏是电控汽油喷射发动机常见故障之一。其他常见故障有氧传感器损坏、节气门位置传感器损坏、燃油压力传感器损坏等。

【鉴定点分布】 汽车简单故障的判断与排除→发动机简单故障判断→发动机供给系的简单故障判断

262. 发动机过热是指（　　）。

A. 冷却液沸腾　　B. 温度表显示冷却液温度超过正常值

C. AB 均正确　　D. 以上均不正确

【解析】答案：C。

冷却液沸腾和温度表显示冷却液温度超过正常值都是发动机过热明显的现象。引起发动机过热的原因还有冷却系冷却能力下降、点火系工作不正常、环境温度、发动机长时间高速大负荷工作等诸多因素。

【鉴定点分布】汽车简单故障的判断与排除→发动机简单故障判断→发动机供给系的简单故障判断

263. 发动机过热，经检查为冷却液泄漏引起的，应该用（　）的方法排除。

A. 查明漏处，补足冷却液

B. 查明漏处，并检查其他处

C. 查明漏处，将其密封，补足冷却液

D. 补足不同牌号的冷却液

【解析】答案：C。

发动机冷却液泄漏，必须找到泄漏处，将泄漏点密封后再补充冷却液。补充好冷却液后，再次复检泄漏部位密封状态，与此同时检查其他部位，避免重复维修。

【鉴定点分布】汽车简单故障的判断与排除→发动机常见故障与异响的判断→发动机过热

264. 长时间发动机过热不会产生（　）现象。

A. 机件损坏　B. 排放超标　C. 油耗下降　D. 功率下降

【解析】答案：C。

发动机过热会导致功率下降、油耗上升、尾气排放超标，严重时会导致发动机活塞环抱死、拉缸等故障。

【鉴定点分布】汽车简单故障的判断与排除→发动机常见故障与异响的判断→发动机过热

265. 发动机过热，其原因不可能为（　）。

A. 冷却系泄漏　B. 散热器散热性能良好

C. 百叶窗开度不够　D. 风扇不转动

【解析】答案：B。

冷却系引起发动机过热的原因有冷却液泄漏、风扇不转动、百叶窗开度不够、水泵损坏、节温器损坏、水套结垢等多种因素。

【鉴定点分布】汽车简单故障的判断与排除→发动机常见故障与异响的判断→发动机过热

266. 活塞与气缸配合间隙大，会产生（　）。

A. 尖脆嗒嗒声　　B. 清脆嗒嗒声

C. 清脆金属当当声　　D. 沉闷金属敲击声

【解析】答案：C。

发动机气缸与活塞的配合间隙过大，在发动机工作时会产生清脆的金属当当声。这是因为活塞经过上、下止点时，运动方向改变，活塞的受力方向也随之改变，活塞由一侧气缸壁压向另一侧气缸壁，间隙过大时，在改变受力方向的瞬间，产生敲击声。

【鉴定点分布】汽车简单故障的判断与排除→发动机常见故障与异响的判断→发动机异响

267. 曲轴轴承间隙过大，单缸断油，声音（　　），相邻两缸同时断火声音（　　）。

A. 有明显改变　不变　　B. 无明显改变　明显减少

C. 不变　不变　　D. 不变　减少

【解析】答案：B。

发动机曲轴轴承间隙过大，在发动机工作时，会发出较沉闷的金属敲击声。这是因为活塞经过上、下止点时，运动方向改变，受力方向改变，曲轴轴承的受力方向也随之改变，发出沉闷的金属敲击声。单缸断油，声音频率变化不大，两缸同时断火时，声音频率变化较大。

【鉴定点分布】汽车简单故障的判断与排除→发动机常见故障与异响的判断→发动机异响

268. 发动机爆燃燃烧，会有（　　）。

A. 清脆金属敲击声　　B. 沉闷的金属敲击声

C. 当当金属敲击声　　D. 清脆嗒嗒声

【解析】答案：B。

发动机爆燃燃烧时，气缸内温度高，在火焰前锋未到达前，气缸内的可燃混合气自燃，形成压力波，与燃烧压力不叠加，压力急剧升高，冲击气缸壁和燃烧室表面，发出沉闷的金属敲击声。

【鉴定点分布】汽车简单故障的判断与排除→发动机常见故障与异响的判断→发动机异响

269. 发动机爆震燃烧，发动机温度越高，声音（　　）。

A. 更严重　　B. 不变　　C. 减少　　D. 以上均不对

【解析】答案：A。

引起发动机爆震燃烧的重要原因之一是发动机温度高，发动机温度越高，爆震燃烧现象越严重，发出的声音也更严重。

【鉴定点分布】汽车简单故障的判断与排除→发动机常见故障与异响的判断→发动机异响

270. 点火式发动机判断电路故障时，为确认是否低压电路断路，点火开关处于（　　）。

A. 断开　　B. 接通　　C. 短路　　D. 断路

【解析】答案：B。

判断点火式发动机电路故障时，为确定故障点位置，点火开关一般处于接通状态。

【鉴定点分布】汽车简单故障的判断与排除→发动机简单故障判断→触点式点火系常见故障判断与排除

271. 某汽车点火系无火，经检查故障发生在集成块，应该（　　）。

A. 修理　　B. 更换　　C. 继续使用　　D. 以上均不对

【解析】答案：B。

无分电器点火系点火模块损坏，一般采取更换的方式修理。

【鉴定点分布】汽车简单故障的判断与排除→点燃式发动机点火系简单故障的判断与排除→无分电器点火系简单故障判断

272. 无分电器点火系在工作中，二次线圈两端应该接在（　　）。

A. 单缸火花塞上　　B. 两个同步缸火花塞上

C. 点火线圈中心接柱上　　D. 以上均不对

【解析】答案：B。

无分电器点火系有采用两缸共用一个点火线圈的系统，点火线圈二次线圈（次级线圈）两端接在两个同步气缸的火花塞上。

【鉴定点分布】汽车简单故障的判断与排除→点燃式发动机点火系简单故障的判断与排除→无分电器点火系简单故障判断

273. 汽车在行驶中突然熄火。打开点火开关，电流表指示 3～5 A 不回零，则故障发生在（　　）。

A. 断电器触点间隙过大　　B. 断电器间隙过小

C. 火花塞间隙过大　　D. 以上都不对

【解析】答案：D。

汽车在行驶中突然熄火。打开点火开关，电流表指示 3～5 A 不回零，故障部位易出现在点火线圈附加电阻或一次线圈到分电器断电触点间。最有可能是分电器断电器触点无间隙。

【鉴定点分布】汽车简单故障的判断与排除→发动机简单故障判断→触点式点火系

常见故障判断与排除

274. 汽车在行驶中突然熄火。打开点火开关，电流表指示 3～5 A 不回零，则故障发生在（　　）。

A. 电容器　　B. 一次线圈到分电器断电触点间
C. 断电器触点间隙过大　　D. 以上均不对

【解析】 答案：B。

汽车在行驶中突然熄火。打开点火开关，电流表指示 3～5 A 不回零，最有可能是一次线圈到分电器断电触点间导线断开（连接螺栓松，导线脱落）。

【鉴定点分布】 汽车简单故障的判断与排除→发动机简单故障判断→触点式点火系常见故障判断与排除

275. 汽车在行驶中突然熄火。打开点火开关，若电流表指示在 3～5 A 到零之间摆动，在用点火线圈高压线试火时，电火花很强，则故障在（　　）。

A. 火花塞　　B. 分电器　　C. 电容器　　D. 油路

【解析】 答案：D。

汽车在行驶中突然熄火。打开点火开关，电流表指示在 3～5 A 到零之间摆动；在用点火线圈高压线试火时，电火花很强，说明点火系工作正常，故障发生在油路。

【鉴定点分布】 汽车简单故障的判断与排除→发动机简单故障判断→触点式点火系常见故障判断与排除

276. 汽车在行驶中突然熄火。打开点火开关，若电流表指示在 3～5 A 到零之间摆动，在用点火线圈高压线试火时，电火花很弱，则故障在（　　）。

A. 火花塞　　B. 分电器　　C. 电容器　　D. 油路

【解析】 答案：C。

汽车在行驶中突然熄火。打开点火开关，电流表指示在 3～5 A 到零之间摆动；在用点火线圈高压线试火时，电火花很弱，说明故障发生在电容器。

【鉴定点分布】 汽车简单故障的判断与排除→发动机简单故障判断→触点式点火系常见故障判断与排除

277. 使用正时灯检查发动机点火系故障时，应该（　　）。

A. 一端接用电设备接线柱，另一端接车体

B. 一端接启动开关，另一端接点火线圈“+”接线柱

C. 一端接蓄电池、一端接车体

D. 以上都不对

【解析】 答案：A。

使用正时灯检查发动机点火系故障时，一端接用电设备接线柱，另一端接车体，打开开关，顺序逐段检查，试灯亮表示设备或线路正常；试灯不亮说明设备损坏或断路。未打开用电设备开关试灯亮，说明该段线路短路。

【鉴定点分布】汽车简单故障的判断与排除→发动机简单故障判断→触点式点火系常见故障判断与排除

278. 测量电容器引出线接头与分电器活动触点臂安装柱间电阻，电阻无穷大，则故障为（　　）。

A. 活动触点臂安装柱短路　　B. 电容器击穿

C. 活动触点臂安装柱断路　　D. 电容器断路

【解析】答案：D。

在测量电容器引出线接头与分电器活动触点臂安装柱间电阻时，电阻无穷大，说明电容器断路。

【鉴定点分布】汽车简单故障的判断与排除→发动机简单故障判断→触点式点火系常见故障判断与排除

279. 汽车起动时，点火开关至分电器之间导线脱落会导致发动机（　　）。

A. 不能起动　　B. 熄火　　C. 动力下降　　D. 以上均不对

【解析】答案：A。

汽车起动时，点火开关至分电器之间导线脱落会导致发动机不能起动。汽车在行驶中，该导线脱落，发动机立即熄火，且发动机不能重新起动。

【鉴定点分布】汽车简单故障的判断与排除→发动机简单故障判断→触点式点火系常见故障判断与排除

280. 无分电器点火系在工作中，在（　　）断开瞬间，火花塞上放电产生电火花。

A. 二次线圈　　B. 点火线圈　　C. 一次线圈　　D. 以上均不对

【解析】答案：C。

无分电器电火系在工作时，由计算机给出信号，控制点火线圈初级线圈电流的导通与断开，在点火线圈初级（一次）线圈断开的瞬间，点火线圈次级（二次）线圈感应出高压电，击穿火花塞间隙，火花塞上放电产生电火花，点燃可燃混合气。

【鉴定点分布】发动机的基本构造→电控汽油发动机点火系的组成与作用→电控汽油发动机点火系的作用

281. 点燃式发动机点火系中，以下故障为低压短路的是（　　）。

A. 电流表指示 10 A 以下　　B. 电流表指示 10 A 以上

C. 熔丝良好　　　　　　　　　　　　D. 以上均不对

【解析】答案：B。

打开点火开关，观察电流表电流动态，电流表指示在 10 A 以上或熔丝（俗称保险丝）熔断，一般是低压电路短路。短路部位易出现在点火线圈的电源线接线柱间或点火开关至仪表板之间的导线部位。

【鉴定点分布】汽车简单故障的判断与排除→发动机简单故障判断→触点式点火系常见故障判断与排除

282. 在检测点火系故障时，测量分电器低压线与点火开关间电阻值，电阻值无穷大，说明线路（　　）；电阻值为零，说明线路（　　）。

A. 正常　断路　　　　　　　　　　B. 正常　短路

C. 短路　正常　　　　　　　　　　D. 断路　正常

【解析】答案：B。

在检测点火系故障时，测量分电器低压线与点火开关间电阻值，电阻值无穷大，说明线路正常；电阻值为零，说明线路短路。

【鉴定点分布】汽车简单故障的判断与排除→发动机简单故障判断→触点式点火系常见故障判断与排除

283. 拆下点火开关进线，测量进线与接线柱电阻，电阻无穷大，再拆下电流表进线，测量进线接头与电流表接线柱之间电阻，电阻为零，故障在（　　）。

A. 电流表断路　　　　　　　　　　B. 电流表短路

C. 点火开关断路　　　　　　　　　D. 点火开关短路

【解析】答案：B。

判断点火系低压短路故障时，拆下点火开关进线，测量进线与接线柱电阻，电阻无穷大，再拆下电流表进线，测量进线接头与电流表接线柱之间电阻，电阻为零，说明电流表短路。

【鉴定点分布】汽车简单故障的判断与排除→发动机简单故障判断→触点式点火系常见故障判断与排除

284. 在检查是否低压断路时，接通点火开关，拆下分电器低压线，测量线接头与接线柱间电阻，电阻为无穷大，则（　　）。

A. 高压线断路　　　　　　　　　　B. 高压线短路

C. 低压线短路　　　　　　　　　　D. 低压线断路

【解析】答案：D。

在检查是否低压断路时，使断电触点处于闭合位置，接通点火开关，拆下分电器低压线，测量线接头与接线柱间电阻，电阻为无穷大，说明低压线路断路。

【鉴定点分布】汽车简单故障的判断与排除→发动机简单故障判断→触点式点火系常见故障判断与排除

285. 点火式发动机判断低压线电路故障时，测量电流表进线端与车体间电阻，电阻值为零，则（　　）。

A. 点火开关断路　　B. 点火开关短路

C. 电流表断路　　D. 电流表短路

【解析】答案：D。

点火式发动机判断低压线电路故障时，拆下电流表进线，测量电流表进线端与车体间电阻，电阻值为零，说明电流表短路。

【鉴定点分布】汽车简单故障的判断与排除→发动机简单故障判断→触点式点火系常见故障判断与排除

286. 用万用表测量分缸线电阻时，阻值为零，则故障为（　　）。

A. 断路　　B. 短路　　C. 失效　　D. 以上均不对

【解析】答案：B。

用万用表测量分缸线电阻时，阻值为零，说明该缸短路。高压电路短路故障还可能出现在点火线圈中心高压线插孔与线圈短路、分电器盖中心插孔与分缸线插孔短路等。

【鉴定点分布】汽车简单故障的判断与排除→发动机简单故障判断→触点式点火系常见故障判断与排除

287. 分电器断电触点间隙过小，会造成（　　）。

A. 点火提前角过大　　B. 点火提前角过小

C. 对点火提前角影响不大　　D. 发动机爆燃燃烧

【解析】答案：B。

分电器断电触点间隙过小，发动机工作时，触点断开晚、关闭早，使点火提前角变小。

【鉴定点分布】汽车简单故障的判断与排除→发动机简单故障判断→触点式点火系常见故障判断与排除

288. 若电流表指示为零，或小于正常值，则故障在（　　）。

A. 低压电路短路　　B. 高压电路接线柱接触不良

C. 高压电路断路　　D. 低压电路接线柱接触不良

【解析】答案：D。

打开点火开关，观察电流表动态，若电流表指示为零，或小于正常值，说明低压电路断路或低压电路接线柱接触不良。

【鉴定点分布】汽车简单故障的判断与排除→发动机简单故障判断→触点式点火系常见故障判断与排除

289. 当用万用表检测点火系故障时，选用电阻挡，当电阻值为零时，则为（　　）。

A. 短路　　B. 断路　　C. 设备损坏　　D. 以上均不对

【解析】答案：A。

用万用表检测点火系故障时，选用电阻挡。打开点火开关，当电阻值为零时，说明电路短路。逐段测量即可找到故障点。

【鉴定点分布】汽车简单故障的判断与排除→发动机简单故障判断→触点式点火系常见故障判断与排除

290. 测量启动开关接线柱与车体间电阻，电阻为零，故障在（　　）。

A. 点火线圈内部短路　　B. 启动开关接线柱短路

C. 点火线圈内部断路　　D. 启动开关接线柱断路

【解析】答案：B。

用万用表检测点火系故障时，选用电阻挡。测量启动开关接线柱与车体间电阻，电阻为零，说明启动开关接线柱短路。

【鉴定点分布】汽车简单故障的判断与排除→发动机简单故障判断→触点式点火系常见故障判断与排除

291. 测量点火开关进线端与车体间电阻值，若电阻值不为零，则不可能是（　　）。

A. 点火开关断路　　B. 点火开关短路

C. 点火开关损坏　　D. 以上均不对

【解析】答案：D。

用万用表检测点火系故障时，选用电阻挡。分电器断电触点开、闭正常，使其处于闭合位置。测量点火开关进线端与车体间电阻值，如电阻值为无穷大，说明低压线断路；测量低压线与车体间电阻，若电阻值为零，说明分电器短路；如电阻值为无穷大，逆向逐段检查。

【鉴定点分布】汽车简单故障的判断与排除→发动机简单故障判断→触点式点火系常见故障判断与排除

292. 拆下点火开关进线，测量进线与接线柱间电阻，电阻为零，故障在（　　）。

A. 点火开关断路　　B. 点火开关短路

C. 电流表短路　　　　　　　　　　D. 电流表断路

【解析】答案：B。

用万用表检测点火系故障时，选用电阻挡，电阻为无穷大时为电路断路；电阻为零时为电路短路。拆下点火开关进线，测量进线与接线柱间电阻，电阻为零，表明点火开关短路。

【鉴定点分布】汽车简单故障的判断与排除→发动机简单故障判断→触点式点火系常见故障判断与排除

293. 点火式发动机判断低压电路故障时，为确认是否附加电阻断路，应首先（　　）。

A. 拆下点火线圈至点火开关进线

B. 接通点火线圈至点火开关进线

C. 二者之间线处于短路状态

D. 二者之间线处于断路状态

【解析】答案：A。

用万用表检测点火系故障时，选用电阻挡，电阻为无穷大时为电路断路；电阻为零时为电路短路。点火式发动机判断低压电路故障时，为确认是否附加电阻断路，应首先拆下点火线圈至点火开关进线。

【鉴定点分布】汽车简单故障的判断与排除→发动机简单故障判断→触点式点火系常见故障判断与排除

294. 点火式发动机判断低压电路故障时，测量各段导线电阻，若电阻值无穷大，则表明该段导线（　　）。

A. 断路　　　B. 短路　　　C. 失效　　　D. 以上均不对

【解析】答案：A。

用万用表检测点火系故障时，选用电阻挡，电阻为无穷大时为电路断路；电阻为零时为电路短路。

【鉴定点分布】汽车简单故障的判断与排除→发动机简单故障判断→触点式点火系常见故障判断与排除

295. 点火提前角过大的故障现象不可能的是（　　）。

A. 起动困难　　　　　　　　　　B. 怠速不稳

C. 尾气排放超标　　　　　　　　D. 排气管放炮

【解析】答案：D。

发动机点火提前角过大，会导致发动机出现起动困难、怠速不稳定、化油器回火、油耗上升、尾气排放超标、发动机过热、功率下降等现象。

【鉴定点分布】汽车简单故障的判断与排除→发动机简单故障判断→触点式点火系常见故障判断与排除

296. 发动机点火正时过早，（　　）及电源电压过低，均为点火系故障。

A. 点火顺序错乱　　B. 点火能量强

C. 电源电压高　　D. 以上均不对

【解析】答案：A。

发动机的点火顺序错乱是典型的点火系故障。点火顺序错乱会造成发动机出现起动困难，起动后怠速不稳定，化油器回火，排气管放炮等现象。

【鉴定点分布】汽车简单故障的判断与排除→发动机简单故障判断→触点式点火系常见故障判断与排除

297. 点火式发动机判断低压电路故障时，检查分电器断电器触点是否闭合，发现不能闭合，应该（　　）。

A. 更换断电器触点　　B. 调整断电器触点间隙

C. A、B 均对　　D. 以上均不对

【解析】答案：B。

点火式发动机判断低压电路故障时，检查分电器断电器触点是否闭合，发现不能闭合，首先调整断电器触点间隙，如断电器活动触点活动臂与断电凸轮的支点磨损严重，调整不出断电器触点间隙时，更换新的断电器触点（俗称“白金”）。

【鉴定点分布】汽车简单故障的判断与排除→发动机简单故障判断→触点式点火系常见故障判断与排除

298. 汽车行驶时，点火开关至分电器之间导线脱落会导致发动机（　　）。

A. 不能起动　　B. 熄火　　C. 动力下降　　D. 以上均不对

【解析】答案：B。

汽车行驶时，点火开关至分电器之间导线脱落会导致发动机熄火，在未将导线连接好以前，发动机不能重新起动。

【鉴定点分布】汽车简单故障的判断与排除→发动机简单故障判断→触点式点火系常见故障判断与排除

299. 化油器回火，排气管放炮，可能是由于（　　）造成的。

A. 点火提前角过小　　B. 点火提前角过大

C. 断电器触点间隙过大　　D. 以上均不对

【解析】答案：A。

发动机点火提前角过小，气缸内可燃混合气来不及充分燃烧，点燃新鲜可燃混合气，会导致化油器回火；未充分燃烧的可燃混合气进入排气管，造成后置燃烧，就是俗称“排气管放炮”。

【鉴定点分布】汽车简单故障的判断与排除→发动机简单故障判断→触点式点火系常见故障判断与排除

300. 若发动机点火系工作正常，下列（　　）现象可导致发动机不能起动。

A. 油箱内没油　　B. 真空点火提前装置泄漏

C. 化油器油面略低　　D. 火花塞电极积炭过多

【解析】答案：A。

发动机点火系工作正常，发动机不能起动最直接的原因是油箱内没油。化油器调整不当，也能使发动机不起动。

【鉴定点分布】发动机的基本构造→化油器式汽油发动机燃料供给系的组成与作用→化油器式汽油发动机燃料供给系的作用

301. 发动机加速不良的主要原因有（　　）。

A. 加速泵工作不好或加速泵喷管堵塞

B. 化油器功率量孔开度过大

C. 浮子室油面过高

D. 节气门回位弹簧过软

【解析】答案：A。

点燃式汽油发动机加速不良的原因之一是加速泵工作不好或加速泵喷管堵塞。其他原因还有化油器调整不当、点火系工作不正常、发动机技术性能不良等均会导致发动机加速不良。

【鉴定点分布】发动机的基本构造→化油器式汽油发动机燃料供给系的组成与作用→化油器式汽油发动机燃料供给系的作用

302. 发动机无负荷急加速反应不灵敏，原因可能为（　　）。

A. 可燃混合气过稀　　B. 化油器节气门轴处渗漏

C. 可燃混合气过浓　　D. 化油器主量孔开度过大

【解析】答案：A。

点燃式汽油发动机加速反应不灵敏的原因之一是可燃混合气过稀。其他原因还有化油器调整不当、点火系工作不正常、发动机技术性能差等均会导致发动机加速不灵敏。

【鉴定点分布】发动机的基本构造→化油器式汽油发动机燃料供给系的组成与作用→化油器式汽油发动机燃料供给系的作用

303. 可燃混合气过稀，会造成（　　）。

A. 发动机无负荷加速反应灵敏　　B. 发动机过热

C. 火花塞电极积炭过多　　D. 发动机容易起动

【解析】 答案：B。

点燃式汽油发动机可燃混合气过稀，会造成发动机过热。除此之外还会引起发动机功率下降、油耗上升、尾气排放超标、进气管放炮等故障现象。

【鉴定点分布】 发动机的基本构造→化油器式汽油发动机燃料供给系的组成与作用→化油器式汽油发动机燃料供给系的作用

304. 装有增压器的发动机，燃油供给系统正常工作，但发动机工作无力，原因可能是（　　）。

A. 增压器后管路裂损　　B. 中冷器裂损气压泄漏

C. 增压器前管路裂损　　D. A、B 均正确

【解析】 答案：D。

装有增压器的发动机，燃油供给系统正常工作，如果增压器后的管路裂损、中冷器裂损气压泄漏等均导致增压效果下降，使发动机充气效率下降，发动机工作无力。

【鉴定点分布】 汽车简单故障的判断与排除→发动机简单故障判断→发动机供给系的简单故障判断

305. 为正确使用装有增压器的柴油发动机，起动时应该（　　）；汽车停驶时，发动机应该（　　）。

A. 限制柴油机转速　怠速运转数分钟

B. 防止柴油机高速运转　立即熄火

C. 防止柴油机高速运转　怠速运转数分钟

D. 柴油机高速运转　怠速运转数分钟

【解析】 答案：C。

装有增压器的发动机，起动时要怠速运转 3～5 min，使增压器轴承得到充分的润滑，再高速行驶；汽车高速行驶后，发动机要怠速运转 3～5 min，使增压器轴承的转速充分降低，得到充分冷却后再熄火。这样可以减少增压器损坏，适当延长其使用寿命。

【鉴定点分布】 发动机的基本构造→压燃式发动机（柴油机）供给系→压燃式发动机（柴油机）供给系的作用

306. 增压式柴油机空气供给系统发生故障，经检查得知，泄漏发生在增压器之后，如不及时排除故障，会导致柴油机（　　）。

A. 充气量减少　　B. 功率下降

C. 油耗上升　　D. A、B、C 均正确

【解析】答案：D。

增压式柴油机空气供给系统发生故障，泄漏发生在增压器之后，如不及时排除故障会导致柴油机充气量减少、功率下降、油耗上升、尾气排放超标、排气冒黑烟。

【鉴定点分布】发动机的基本构造→压燃式发动机（柴油机）供给系→压燃式发动机（柴油机）供给系的作用

307. 发动机过热，检查顺序应该是（　　）。

A. 泄漏、堵塞、百叶窗开度、风扇 V 带张紧度、冷却泵、节温器

B. 泄漏、堵塞、节温器、冷却泵、风扇 V 带张紧度、百叶窗开度

C. 节温器、泄漏、堵塞、百叶窗开度、风扇 V 带张紧度、冷却泵

D. 以上全不对

【解析】答案：A。

发动机过热时，检查冷却系顺序应该是泄漏、堵塞、百叶窗开度、风扇 V 带张紧度、冷却泵、节温器。同时还应检查发动机供给系，点燃式发动机还应检查点火系等。

【鉴定点分布】汽车简单故障的判断与排除→发动机常见故障与异响的判断→发动机过热

308. 汽车发动机冷却系统中提高冷却液沸点的装置是（　　）。

A. 水箱盖　　B. 散热器　　C. 水套　　D. 水泵

【解析】答案：A。

汽车发动机冷却系统中提高冷却液沸点的装置是水箱盖。

【鉴定点分布】发动机的基本构造→发动机冷却系→发动机冷却系的作用

309. 机油压力过低，会使曲轴及轴承（　　）。

A. 异响　　B. 过冷　　C. 变形　　D. 过热或烧坏

【解析】答案：D。

机油压力过低，会造成发动机润滑不良，冷却能力下降，严重时会造成曲轴及轴承，连杆轴承及连杆轴过热或损坏。

【鉴定点分布】汽车简单故障的判断与排除→发动机常见故障与异响的判断→机油压力过低

310. 机油压力过低，会造成发动机（　　）。

A. 润滑不良　　B. 磨损减小　　C. 润滑良好　　D. 磨损不变

【解析】答案：A。

机油压力过低，会造成发动机润滑不良，冷却能力下降。

【鉴定点分布】汽车简单故障的判断与排除→发动机常见故障与异响的判断→机油压力过低

311. 机油压力过低，冷却能力（　　）。

A. 上升　B. 不变　C. 下降　D. 以上均不对

【解析】答案：C。

机油压力过低，会造成发动机润滑不良，冷却能力下降。

【鉴定点分布】汽车简单故障的判断与排除→发动机常见故障与异响的判断→机油压力过低

312. 驾驶员在行车过程中发现汽车发动机机油压力过低，经检查机油未变质且油量充足，可能是因为（　　）。

A. 机油泵良好　B. 油路堵塞

C. 曲轴轴承间隙过大　D. 连杆轴承间隙过小

【解析】答案：C。

驾驶员在行车过程中发现汽车发动机机油压力过低，经检查机油未变质且油量充足，可能是因为曲轴轴承间隙过大。曲轴轴承可看作限压阀，间隙大时，油流出量大，压力下降。

【鉴定点分布】汽车简单故障的判断与排除→发动机常见故障与异响的判断→机油压力过低

313. 曲轴轴承间隙大，会产生（　　）。

A. 清脆嗒嗒声　B. 沉闷连续的当当金属敲击声

C. 混浊嗒嗒声　D. 清脆连续的当当金属敲击声

【解析】答案：B。

曲轴轴承间隙大，会产生沉闷连续的当当金属敲击声。

【鉴定点分布】汽车简单故障的判断与排除→发动机常见故障与异响的判断→发动机异响

314. 气门间隙过大，使用单缸断油方法，声音（　　）。

A. 变化明显　B. 不变　C. 变化不明显　D. 以上均不对

【解析】答案：C。

气门间隙过大，使用单缸断油方法，声音变化不明显。

【鉴定点分布】汽车简单故障的判断与排除→发动机常见故障与异响的判断→发动机异响

315. 发动机工作中，机油压力过低，指机油压力表指示数值（　　）。

A. 大于 0.1 MPa　　　　B. 小于 0.1 MPa

C. 等于 0.1 MPa　　　　D. 以上均不对

【解析】 答案：B。

发动机机油压力过低，指机油压力表指示数值小于 0.1 MPa。

【鉴定点分布】 汽车简单故障的判断与排除→发动机常见故障与异响的判断→机油压力过低

316. 汽车在使用过程中，随着行驶里程的增加，各部零件将（　　），导致车辆技术状况变坏。

A. 仅变形疲劳、松动

B. 仅产生磨损、老化

C. 产生磨损、变形疲劳、松动、老化

D. 各零件不会发生变化

【解析】 答案：C。

汽车在使用过程中，随着行驶里程的增加，各部零件将产生磨损、变形疲劳、松动、老化。

【鉴定点分布】 汽车维护检修→汽车维护→汽车维护的作用

317. 转向盘方向打摆，可能原因为（　　）。

A. 转向器啮合间隙过小　　　　B. 前轮气压过低

C. 转向器啮合间隙过大　　　　D. 两侧轮距不等

【解析】 答案：C。

汽车行驶时转向盘方向打摆，原因之一是转向器啮合间隙过大，其他原因有车轮动平衡不良、车轮前束调整不当、转向节球头松旷、路面状况不佳等多方面的原因。

【鉴定点分布】 汽车简单故障的判断与排除→汽车底盘常见故障现象→汽车转向系常见故障

318. 前轮异常磨损，可能的原因为（　　）。

A. 前轮钢板弹簧对称　　　　B. 前桥悬架弹簧左右刚度适宜

C. 前桥变形　　　　D. 前轮胎花纹深度 2.2 mm

【解析】 答案：C。

前轮异常磨损，可能的原因之一是前桥变形。前轮异常磨损其他原因有前轮动不平衡超标、前轮定位不合格、前轮轮辋摆差过大等。

【鉴定点分布】 汽车简单故障的判断与排除→汽车底盘常见故障现象→汽车转向系常见故障

319. 前轮异常磨损，可能的原因为（ ）。

A. 前轮轮辋摆差合格　　B. 前桥悬架弹簧左右刚度不一致

C. 前束正常　　D. 车轮动不平衡合格

【解析】 答案：B。

前轮异常磨损，可能的原因之一是前桥悬架弹簧左右刚度不一致。其他原因有前轮动不平衡超标、前轮定位不合格、前轮轮辋摆差过大、前桥变形等。

【鉴定点分布】 汽车简单故障的判断与排除→汽车底盘常见故障现象→汽车转向系常见故障

320. 行驶跑偏，可能的原因是（ ）。

A. 前轮轮辋摆差过大　　B. 前轮一侧轮毂轴承过紧

C. 前轮轮辋摆差过小　　D. 前轮轮毂轴承过松

【解析】 答案：B。

汽车行驶时跑偏可能的原因之一是前轮一侧轮毂轴承过紧。其他原因有前轮定位不良、汽车推力角不对、前后轴移位、前桥悬架弹簧左右刚度不一致等。

【鉴定点分布】 汽车简单故障的判断与排除→汽车底盘常见故障现象→汽车转向系常见故障

321. 离合器常见故障主要有：接合不彻底（打滑），分离不彻底（切不开），（ ）等。

A. 离合器没有作用　　B. 离合器发热

C. 离合器有异味　　D. 离合器抖动

【解析】 答案：D。

离合器常见故障主要有：接合不彻底（打滑），分离不彻底（切不开），离合器抖动等。

【鉴定点分布】 汽车简单故障的判断与排除→汽车底盘常见故障现象→离合器常见故障

322. 离合器操纵系统管路中有空气，会导致（ ）。

A. 离合器打滑　　B. 离合器分离不彻底

C. 离合器抖动　　D. 离合器异响

【解析】 答案：B。

离合器液压操纵系统管路中有空气，由于空气是可以压缩的，使传到离合器分离杠杆的行程减小，导致离合器分离不彻底。

【鉴定点分布】 汽车简单故障的判断与排除→汽车底盘常见故障现象→离合器常见故障

323. 在离合器的检查项目中，摩擦衬片的表面应磨损均匀，铆钉深度应大于（　　）mm。

A. 0.1　　B. 0.3　　C. 0.5　　D. 0.7

【解析】 答案：B。

在离合器的检查项目中，摩擦衬片的表面应磨损均匀，铆钉深度应大于 0.3 mm。小于 0.3 mm 可能引起离合器异响、离合器压盘异常磨损。

【鉴定点分布】 汽车简单故障的判断与排除→汽车底盘常见故障现象→离合器常见故障

324. 对离合器压盘总成检验中，压盘工作平面的平面度最大值为（　　）mm。

A. 0.1　　B. 0.2　　C. 0.3　　D. 0.4

【解析】 答案：B。

压盘工作平面的平面度最大值为 0.2 mm，超过 0.2 mm 时会导致离合器抖动、离合器接合不良等现象。

【鉴定点分布】 汽车简单故障的判断与排除→汽车底盘常见故障现象→离合器常见故障

325. 汽车离合器踏板自由行程规定值为 15～20 mm，若不符合可通过拧动（　　）来改变分离拉杆的长度。

A. 分离杠杆上的调整螺母　　B. 回位弹簧

C. 压紧弹簧　　D. 调节叉

【解析】 答案：A。

汽车离合器踏板自由行程规定值为 15～20 mm，大于此值离合器分离不彻底；小于此值时会使离合器接合不好打滑。

【鉴定点分布】 汽车简单故障的判断与排除→汽车底盘常见故障现象→离合器常见故障

326. 汽车离合器踏板自由行程（　　）。

A. 不能调整　　B. 越大越好　　C. 可以调整　　D. 越小越好

【解析】 答案：C。

汽车离合器踏板自由行程规定值为 15～20 mm，离合器踏板自由行程不在此范围时，可以调整。

【鉴定点分布】 汽车简单故障的判断与排除→汽车底盘常见故障现象→离合器常见故障

327. 气压制动系统产生制动失效的可能原因为（　　）。

A. 空气压缩机传动带打滑　　B. 前轮前束不对称

C. 快放阀排气慢　　D. ABS 系统失效

【解析】 答案：A。

气压制动系统空气压缩机传动带打滑，制动时气压低，会引起汽车制动失效。

【鉴定点分布】 汽车简单故障的判断与排除→汽车底盘常见故障现象→制动系常见故障

328. 汽车发动机在起动前，检查制动液量应（　　）。

A. 加满　　B. 在下限之下

C. 不需要检查　　D. 在上限（Max）和下限（Min）之间

【解析】 答案：D。

汽车发动机在起动前，检查制动液量应在上限（Max）和下限（Min）之间，低于下限会导致制动效能下降，多于上限会造成泄漏。

【鉴定点分布】 汽车简单故障的判断与排除→汽车底盘常见故障现象→制动系常见故障

329. 汽车底盘中，变速器掉挡的可能原因为（　　）。

A. 同步器工作良好　　B. 离合器分离不彻底

C. 自锁装置失效　　D. 变速器齿轮轮齿折断

【解析】 答案：C。

汽车行驶时，变速器掉挡的原因之一是由于自锁装置失效。其他原因有齿轮、齿圈、齿套的齿磨损严重，形成较大锥度；同步器工作不良等。

【鉴定点分布】 汽车简单故障的判断与排除→汽车底盘常见故障现象→变速器常见故障

330. 汽车转向时，转向沉重，可能原因为（　　）。

A. 转向节主销松动　　B. 后桥变形

C. 转向节主销配合过紧　　D. 以上均不对

【解析】 答案：C。

汽车转向时，转向沉重的原因之一是转向节主销配合过紧。其他引起转向沉重的原因有转向梯形拉杆球铰链配合过紧，前轮定位调整不当，主销后倾角、主销内倾角不对，前桥或车架变形，前轮气压过低等。

【鉴定点分布】 汽车简单故障的判断与排除→汽车底盘常见故障现象→汽车转向系常见故障

331. 转向盘方向打摆，可能原因为（　　）。

A. 转向节主销过紧　　B. 转向节主销过松

C. 前桥变形　　D. 前轮定位正确

【解析】答案：B。

行驶中汽车转向盘打摆的原因之一是转向节主销过松。引起汽车转向盘打摆的原因还有方向机蜗杆轴承松及啮合副间隙过大、前轮轮辋变形、摆动量超差、车轮动不平衡超范围、前轮定位不正确等。

【鉴定点分布】汽车简单故障的判断与排除→汽车底盘常见故障现象→汽车转向系常见故障

332. 转向不足，可能原因为（　　）。

A. 一侧前轮偏转限位螺栓伸出过短

B. 前轮定位不准

C. 一侧前轮偏转限位螺栓伸出过长

D. 前束过大

【解析】答案：C。

汽车转向不足的原因之一是一侧前轮偏转限位螺栓伸出过长，限制了向这一方向的转动量。汽车转向不足的其他原因有转向器左右分配量不均、前桥移位等。

【鉴定点分布】汽车简单故障的判断与排除→汽车底盘常见故障现象→汽车转向系常见故障

333. 汽车底盘中，引起传动轴振动的可能原因为（　　）。

A. 共振　　B. 变速器同步器损坏

C. 万向节叉不在同一平面内　　D. 万向节叉在同一平面内

【解析】答案：C。

汽车行驶时，引起传动轴振动的原因之一是万向节叉不在同一平面内。汽车行驶时，引起传动轴振动的其他原因有传动轴动不平衡，传动轴和传动轴花键套间隙过大、松旷，万向节轴承磨损、滚针折断，传动轴中间支撑轴承损坏，固定螺栓松动等。

【鉴定点分布】汽车简单故障的判断与排除→汽车底盘常见故障现象→传动轴常见故障

334. 车辆的安全技术性能好坏是安全行车的主要因素之一，对车辆的检查应包括（　　）。

A. 出车前检查、出车后检查

B. 购车时检查、出车前检查

C. 购车时检查、出车前检查、收车后检查

D. 出车前检查、行车途中检查、出车后检查

【解析】 答案：D。

为保证行车安全，对车辆的检查应包括出车前检查，行车途中检查，出车后检查。

【鉴定点分布】 汽车维护检修→汽车维护→汽车维护的项目

335. “检查主、挂车连接安全装置是否牢固”是汽车维护三个阶段中的（　　）。

A. 出车维护　　B. 行车中日常维护

C. 收车维护　　D. 平时日常维护

【解析】 答案：A。

“检查主、挂车连接安全装置是否牢固”是汽车维护三个阶段中的出车维护项目。

【鉴定点分布】 汽车维护检修→汽车的日常维护→汽车日常维护的项目

336. 我国现行的汽车维护制度的总原则是（　　）。

A. 定期检测，自愿维护　　B. 定期检测，强制维护

C. 不定期检测，自愿维护　　D. 不定期检测，强制维护

【解析】 答案：B。

中华人民共和国交通部令第13号《汽车运输业车辆技术管理规定》第四十一条、第四十七条规定：我国现行的汽车维护制度的总原则是定期检测、预防为主、强制维护。

【鉴定点分布】 汽车维护检修→汽车维护→汽车维护的项目

337. 我国现行汽车维护制度的总原则有（　　）。

A. 维护为主，不定期检测　　B. 预防为主，定期检测

C. 定期检测，自愿维护　　D. 不定期检测，强制维护

【解析】 答案：B。

中华人民共和国交通部令第13号《汽车运输业车辆技术管理规定》第四十一条、第四十七条规定：我国现行的汽车维护制度的总原则是定期检测、预防为主、强制维护。

【鉴定点分布】 汽车维护检修→汽车维护→汽车维护的项目

338. 我国现行的汽车维护制度的总原则有（　　）。

A. 检测为主，预防为辅　　B. 预防为辅，检测为主

C. 预防为主，自愿维护　　D. 预防为主，强制维护

【解析】 答案：D。

中华人民共和国交通部令第13号《汽车运输业车辆技术管理规定》第四十七条规定：我国现行的汽车维护制度的总原则是预防为主，强制维护。

【鉴定点分布】 汽车维护检修→汽车维护→汽车维护的项目

339. 汽车日常维护的中心内容是（　　）。

A. 紧固、调整和安全检视　　B. 补给、检查和调整

C. 清洁、润滑和调整　　D. 清洁、补给和安全检视

【解析】 答案：D。

中华人民共和国交通部令第 13 号《汽车运输业车辆技术管理规定》第四十九条（一）规定：日常维护是日常性作业，由驾驶员负责执行。其作业中心内容是清洁、补给和安全检视。

【鉴定点分布】 汽车维护检修→汽车的日常维护→汽车日常维护的项目

340. 汽车日常维护的中心内容是（　　）、补给和安全检视。

A. 轮胎换位　　B. 清洁　　C. 润滑　　D. 调整

【解析】 答案：B。

中华人民共和国交通部令第 13 号《汽车运输业车辆技术管理规定》第四十九条（一）规定：日常维护是日常性作业，由驾驶员负责执行。其作业中心内容是清洁、补给和安全检视。

【鉴定点分布】 汽车维护检修→汽车的日常维护→汽车日常维护的项目

341. 汽车日常维护的三个阶段是（　　）。

A. 汽车外表清洁、汽车安全检视和汽车故障修理

B. 上午维护、中午维护和下午维护

C. 出车后维护、行车后维护和收车后维护

D. 出车前维护、行车中的维护和收车后的维护

【解析】 答案：D。

汽车日常维护的三个阶段是出车前维护、行车中的维护和收车后的维护。

【鉴定点分布】 汽车维护检修→汽车的日常维护→汽车日常维护的项目

342. 下列不属于汽车日常维护所要达到的目标是（　　）。

A. 车容整洁　　B. 螺钉、螺母不缺不松

C. 油、气、电、水不渗不漏　　D. 轮胎气压接近正常值

【解析】 答案：D。

中华人民共和国交通部令第 13 号《汽车运输业车辆技术管理规定》第四十九条（一）规定：日常维护是日常性作业，由驾驶员负责执行。其作业中心内容是清洁、补给和安全检视。

【鉴定点分布】 汽车维护检修→汽车的日常维护→汽车日常维护的作用

343. 下列不属于汽车日常维护所要达到的目标是（　　）。

A. 螺钉、螺母松旷但不缺　　B. 油、气、电、水不渗不漏

C. 润滑良好　　D. 发动机、底盘无异响

【解析】 答案：D。

中华人民共和国交通部令第 13 号《汽车运输业车辆技术管理规定》第四十九条（一）规定：日常维护是日常性作业，由驾驶员负责执行。其作业中心内容是清洁、补给和安全检视。

【鉴定点分布】 汽车维护检修→汽车的日常维护→汽车日常维护的作用

344. “检查轮胎气压是否合乎规定及轮胎螺栓紧固情况”是汽车日常维护三个阶段中的（　　）阶段的项目。

A. 出车前日常维护　　B. 行车中检查

C. 收车后检查　　D. 平时日常维护

【解析】 答案：A。

日常维护包括对汽车制动、转向、传动、悬架等安全部位和装置进行检查、铰紧，并调整到正常状态。检查轮胎气压是否合乎规定及轮胎螺栓紧固情况，是汽车日常维护三个阶段中出车前日常维护阶段的项目。

【鉴定点分布】 汽车维护检修知识→汽车的日常维护知识→汽车日常维护的项目

345. “检查轮胎、传动轴、钢板弹簧等外露部件的螺栓、螺母是否齐全有效”是汽车日常维护三个阶段中的（　　）。

A. 出车前日常维护　　B. 行车中的日常巡检

C. 收车后的日常巡检　　D. 平时日常维护

【解析】 答案：A。

中华人民共和国交通部令第 13 号《汽车运输业车辆技术管理规定》第四十九条（一）规定：日常维护是日常性作业，由驾驶员负责执行。其作业中心内容是清洁、补给和安全检视。

【鉴定点分布】 汽车维护检修→汽车的日常维护→汽车日常维护的项目

346. “清洗汽车和各总成外表的泥污和油垢”是汽车维护作业内容里的（　　）。

A. 检查作业　　B. 紧固作业　　C. 补给作业　　D. 清洁作业

【解析】 答案：D。

中华人民共和国交通部令第 13 号《汽车运输业车辆技术管理规定》第四十九条（一）规定：日常维护是日常性作业，由驾驶员负责执行。其作业中心内容是清洁、补给和安全检视。

【鉴定点分布】 汽车维护检修→汽车维护→汽车维护的项目

347.“检查发动机运转情况，检查和补充燃油和冷却液”是汽车日常维护三个阶段中（　　）的项目。

A. 出车前的日常维护　　B. 行驶中的日常维护

C. 收车后的日常维护　　D. 平时日常维护

【解析】答案：A。

检查发动机运转情况、检查和补充机油、燃油、冷却液、制动液，以及检查轮胎气压是汽车日常维护三个阶段中出车前的日常维护项目。

【鉴定点分布】汽车维护检修→汽车的日常维护→汽车日常维护的项目

348. 汽车日常维护作业中，要对汽车灯光、信号、仪表、电气装置、冷暖空调、音响设备等进行（　　）。

A. 紧固　　B. 润滑　　C. 检视　　D. 补给

【解析】答案：C。

中华人民共和国交通部令第 13 号《汽车运输业车辆技术管理规定》第四十九条（一）规定：日常维护是日常性作业，由驾驶员负责执行。其作业中心内容是清洁、补给和安全检视。

【鉴定点分布】汽车维护检修→汽车的日常维护→汽车日常维护的项目

349. 中华人民共和国交通部第 13 号令关于车辆维护与修理制度的总原则是（　　）。

A. 预防为主、定期检测、强制维护、视情修理

B. 预防为主、定期检测、强制维护、强制修理

C. 预防为主、定期检测、强制维护、自愿修理

D. 定期检测、损坏就修、自愿维护、自愿修理

【解析】答案：A。

中华人民共和国交通部令第 13 号《汽车运输业车辆技术管理规定》关于车辆维护与修理制度的总原则是预防为主、定期检测、强制维护、视情修理。

【鉴定点分布】汽车维护检修→汽车维护→汽车维护的项目

350. 由导线切割磁力线或在闭合线圈中磁通量发生变化而产生电动势的现象，称为（　　）现象。

A. 电磁感应　　B. 电感应　　C. 磁感应　　D. 电动势

【解析】答案：A。

由导线切割磁力线或在闭合线圈中磁通量发生变化而产生电动势的现象，称为电磁感应现象。由电磁感应现象产生的电动势叫作感应电动势，由感应电动势产生的电流叫作感应电流。

【鉴定点分布】基础知识→电工学基础知识→电磁感应定律

351. 由电磁感应现象产生的电动势叫作感应电动势，由感应电动势产生的电流叫作感应（　　）。

A. 电流　　B. 电压　　C. 电阻　　D. 电感

【解析】答案：A。

由导线切割磁力线或在闭合线圈中磁通量发生变化而产生电动势的现象，称为电磁感应现象。由电磁感应现象产生的电动势叫作感应电动势，由感应电动势产生的电流叫作感应电流。

【鉴定点分布】基础知识→电工学基础知识→电磁感应定律

352. 线圈中的磁通量发生变化时，线圈就会产生感应电动势。感应电动势的方向由楞次定律和（　　）定则来确定。

A. 左手　　B. 右手　　C. 双手螺旋　　D. 单手螺旋

【解析】答案：B。

由电磁感应现象产生的电动势叫作感应电动势，由感应电动势产生的电流叫作感应电流。线圈中的磁通量发生变化时，线圈就会产生感应电动势。感应电动势的方向由楞次定律和右手定则来确定。

【鉴定点分布】基础知识→电工学基础知识→电磁感应定律

353. 通电直导线的周围存在着磁场，这种现象称为电流的磁效应，这个磁场称为（　　）。

A. 电场　　B. 磁力场　　C. 电磁场　　D. 电力场

【解析】答案：C。

通电直导线的周围存在着磁场，这种现象称为电流的磁效应，这个磁场称为电磁场。其磁力线的分布是以导线为中心的一组同心圆。

【鉴定点分布】基础知识→电工学基础知识→电磁感应定律

354. 通电直导线的周围存在着磁场，磁力线的分布是以导线为中心的一组（　　）。

A. 圆　　B. 偏心圆　　C. 切线圆　　D. 同心圆

【解析】答案：D。

通电直导线的周围存在着磁场，这种现象称为电流的磁效应，这个磁场称为电磁场。其磁力线的分布是以导线为中心的一组同心圆。

【鉴定点分布】基础知识→电工学基础知识→电磁感应定律

355. 电路是电流流过的路径，最简单的电路由电源、（　　）和连接导线组成。

A. 负荷　　B. 负重　　C. 负担　　D. 负载

【解析】答案：D。

电路是电流流过的路径，最简单的电路由电源、负载和连接导线组成。电路分为外电路和内电路。外电路是指从电源一端经过负载再回到电源另一端的电路；内电路是指电源内部的电路。

【鉴定点分布】基础知识→电工学基础知识→电工学的基本概念（电压、电流、电阻、电容等）

356. 电路原理图称为（　　），它是用国家统一规定的各种电路原件符号绘制成的电路连接图。

A. 电工图　　B. 电线图　　C. 电工专用图　　D. 电路图

【解析】答案：D。

电路是电流流过的路径，最简单的电路由电源、负载和连接导线组成。电路分为外电路和内电路。外电路是指从电源一端经过负载再回到电源另一端的电路；内电路是指电源内部的电路。电路原理图称为电路图，它是用国家统一规定的各种电路原件符号绘制成的电路连接图。常用电工图形符号可查阅相关国家标准。

【鉴定点分布】基础知识→电工学基础知识→电工学的基本概念（电压、电流、电阻、电容等）

357. 电容器是两块导体（阴极“负极”或阳极“正极”）之间夹着一块（　　）（介质）构成的电子元件。

A. 绝缘体　　B. 半导体　　C. 不同导体　　D. 超导体

【解析】答案：A。

电容或电容量是指物体在电场中所能储存的电荷量，或是指电容器储存的电荷量所能产生的电势差。电容器是两块导体（阴极“负极”和阳极“正极”）之间夹着一块绝缘体（介质）构成的电子元件。是表征电容器储存（容纳）电荷能力的物理量。把电容器两块极板间的电势差为1 V所需要的电量，叫作电容器的电容。

【鉴定点分布】基础知识→电工学基础知识→电工学的基本概念（电压、电流、电阻、电容等）

358. 汽车用液化石油气（LPG）的主要成分是丙烷（C_3H_8）和丁烷（C_4H_{10}），常压时为（　　），在一定压力下转变为（　　）。

A. 气态　液态　　B. 液态　气态

C. 固态　气态　　D. 液态　固态

【解析】答案：A。

汽车用液化石油气（LPG）的主要成分是丙烷（C_3H_8）和丁烷（C_4H_{10}），常压时为气态，在一定压力下转变为液态。液化石油气（LPG）液态时的体积大幅度缩小，便于储存、运输和使用。

【鉴定点分布】 基础知识→液化石油气→液化石油气性能

359. 天然气（NG）的研究法辛烷值为130，具有很强的（　　），发动机可以采用较高的（　　），允许压缩比为 $\varepsilon=15$。提高压缩比可以提高发动机的（　　），改善发动机的经济性、动力性、排放性。

A. 抗爆性能　　B. 热效率　　C. 压缩比　　D. 加速性

【解析】 答案：A、C、B。

天然气（NG）的研究法辛烷值为130，具有很强的抗爆性，发动机可以采用较高的压缩比，允许压缩比为 $\varepsilon=15$。提高压缩比可以提高发动机的热效率，改善发动机的经济性、动力性、排放性。

【鉴定点分布】 基础知识→压缩天然气→压缩天然气性能

360. 天然气（NG，主要成分是甲烷，CH_4）在常压下深冷到（　　），由气态转化成（　　）天然气（LNG），体积为气态的（　　），可以增加汽车的燃料携带量，增加汽车的续驶里程。

A. 1/600　　B. 1/60　　C. 液态　　D. －162℃

【解析】 答案：D、C、A。

天然气（NG，主要成分是甲烷，CH_4）在常压下深冷到－162℃，由气态转化成液态天然气（LNG），体积为气态的1/600，可以增加汽车的燃料携带量，增加汽车的续驶里程。液化天然气方便运输，增加汽车续驶里程的同时，液化天然气为保持低温绝热储罐正常压力，要及时释放过高的压力，向大气中排出汽化的天然气，存在一定的风险。

【鉴定点分布】 基础知识→液化天然气→液化天然气性能

361. 经干燥、净化、压缩至（　　）的天然气称压缩天然气（CNG），甲烷含量在（　　）的压缩天然气（CNG）已经广泛地用作（　　）。

A. 20 MPa　　B. 汽车燃料　　C. 拖拉机　　D. 83％～99％

【解析】 答案：A、D、B。

经干燥、净化、压缩至20 MPa的天然气称压缩天然气（CNG），甲烷含量在83％～99％的压缩天然气（CNG）已经广泛地用作汽车燃料。

【鉴定点分布】 基础知识→压缩天然气→压缩天然气性能

362. 视图可分为（　　）、局部视图、（　　）、旋转视图、（　　）（全剖视图、半剖视图、局部剖视图）。

A. 斜视图　　B. 剖视图　　C. 放大图　　D. 基本视图

【解析】答案：D、A、B。

视图可分为基本视图、局部视图、斜视图、旋转视图、剖视图（全剖视图、半剖视图、局部剖视图）。国家标准规定，用正六面体为基本投影面，从机件的前、后、左、右、上、下，分别向这六面进行正投影所得到的六个视图，称为基本视图。它们分别被称为主视图、后视图、左视图、右视图、俯视图、仰视图。

【鉴定点分布】基础知识→机械制图与识图→机械制图

363. 六个基本视图的投影规律为主、俯、仰、后视图（　　）；主、左、右、后视图（　　）；俯、左、右、仰视图（　　）。

A. 长对正　　B. 宽相等　　C. 高平齐　　D. 全对正

【解析】答案：A、C、B。

视图可分为基本视图、局部视图、斜视图、旋转视图、剖视图（全剖视图、半剖视图、局部剖视图）。国家标准规定，用正六面体为基本投影面，从机件的前、后、左、右、上、下，分别向这六面进行正投影所得到的六个视图，称为基本视图。它们分别被称为主视图、后视图、左视图、右视图、俯视图、仰视图。六个基本视图的投影规律为主、俯、仰、后视图长对正；主、左、右、后视图高平齐；俯、左、右、仰视图宽相等。

【鉴定点分布】基础知识→机械制图与识图→机械制图

364. 零件图由（　　）、完整的（　　）、技术要求和（　　）四部分组成。

A. 一组图形　　B. 尺寸　　C. 标题栏　　D. 尺寸界限

【解析】答案：A、B、C。

零件图由一组图形、完整的尺寸、技术要求和标题栏四部分组成。用一组必要的视图、剖视、剖面，以及其他规定画法，正确、完整、清晰地表达零件各部分结构的内、外形状。在图形上标注能满足零件制造和检验时所需要的准确、完整、清楚、合理的尺寸。在图形上（图样上）利用代号或文字说明零件在制造、检验和装配过程中必须达到的要求，如表面粗糙度、形状和位置公差、热处理和表面处理要求等。在标题栏中标注出零件名称、材料、零件数量、图号、图的比例以及设计、制图、校核、批准者的姓名、日期等内容。

【鉴定点分布】基础知识→机械制图与识图→机械制图

365. 使用万用表检测点火系电路故障时，用电阻挡，电阻为（　　）时为断路，电阻为零时为短路。逐段测量即可找到故障点。

A. ∞　　B. 0　　C. 80 Ω　　D. 100 Ω

【解析】答案：A。

使用万用表检测点火系电路故障时，用电阻挡，电阻为无穷大时为断路，电阻为零时为短路。逐段测量即可找到故障点。

【鉴定点分布】基础知识→电工学基础知识→电工学的基本概念（电压、电流、电阻、电容等）

366. 机件的真实大小应以图样上所（　　）为依据。

A. 标注的数值　　B. 显示的大小

C. 画的实际大小　　D. 画面的大小

【解析】答案：A。

机件的真实大小必须以图样上所标注的数值为依据。图样中（包括技术要求和其他说明）的尺寸，以毫米为单位时，不需标注计量单位的代号或名称。如采用其他单位制，则必须注明相应的代号或名称。图样中所标注的尺寸，为该图样所示机件的最后完工尺寸。机件的每一尺寸只标注一次，并应标注在能反映该尺寸结构最清楚的图形上。

【鉴定点分布】基础知识→机械制图与识图→机械制图

367. 一个完整的尺寸应包括（　　）、尺寸线和尺寸数字三个基本要素。

A. 尺寸界限　　B. 尺寸大小　　C. 尺寸箭头　　D. 尺寸边线

【解析】答案：A。

一个完整的尺寸应包括尺寸界限、尺寸线和尺寸数字三个基本要素。尺寸界限超出箭头约 2 mm；尺寸线的箭头不能超出尺寸界限；尺寸线与所标视图的轮廓线平行。

【鉴定点分布】基础知识→机械制图与识图→机械制图

368. 常用划线工具有样冲、划线盘、划规、（　　）、划线平板、V 形架、钢直尺、方箱等。

A. 千分尺　　B. 90°角尺　　C. 万用表　　D. 量缸表

【解析】答案：B。

常用划线工具有样冲、划线盘、划规、90°角尺、划线平板、V 形架、钢直尺、角度百分尺、分度头、游标卡尺、方箱等。

【鉴定点分布】基础知识→钳工常用工具与量具→钳工常用工具与量具的种类

369. 甲醇（CH_3OH）和乙醇（C_2H_5OH）的相对分子量较小，物理形态为液态，燃烧产物中基本没有碳烟，（　　）的排放浓度也较低。

A. 氮氧化物（NO_x）　　B. 一氧化碳（CO）

C. 碳氢（HC）　　D. 颗粒物

【解析】答案：A。

甲醇（CH_3OH）的相对分子量较小，物理形态为液态，燃烧产物中基本没有碳烟，氮氧化物（NO_x）的排放浓度也较低。甲醇（CH_3OH）可从天然气、煤、重质燃料、有机物生物发酵制取；乙醇（C_2H_5OH）可从含糖、淀粉的农作物中采取生物发酵方式制取，原料主要有甜菜、甘蔗、玉米、植物秸秆等。

【鉴定点分布】基础知识→其他代用燃料→甲醇性能、乙醇性能

370. 乙醇（C_2H_5OH）的相对分子量较小，物理形态为液态，燃烧产物中基本没有（　　），氮氧化物（NO_x）的排放浓度也较低。

A. 碳烟　　B. 一氧化碳（CO）

C. 碳氢（HC）　　D. 五氧化二氮（N_2O_5）

【解析】答案：A。

乙醇（C_2H_5OH）的相对分子量较小，物理形态为液态，燃烧产物中基本没有碳烟，氮氧化物（NO_x）的排放浓度也较低。乙醇（C_2H_5OH）可从含糖、含淀粉的农作物中采取生物发酵方式制取，原料主要有甜菜、甘蔗、玉米、植物秸秆等。

【鉴定点分布】基础知识→其他代用燃料→乙醇性能

371. 用千斤顶顶起车辆时，千斤顶必须（　　），千斤顶的支撑面必须坚硬牢固，操作人员应在车的外侧。

A. 放好　　B. 放置平稳　　C. 放牢　　D. 放正

【解析】答案：B。

用千斤顶顶起车辆时，千斤顶必须放置平稳，千斤顶的支撑面必须坚硬牢固，操作人员应在车的外侧。架起车辆时应用架车凳，禁止用砖和其他易破碎的物体架车。

【鉴定点分布】基本要求→相关法规知识→交通安全法规

372. 起动汽车前应检查发动机油、冷却液、燃油，变速杆是否在空挡位置，（　　）。

A. 拉紧变速杆　　B. 拉紧百叶窗

C. 放松手制动器　　D. 拉紧手制动器

【解析】答案：D。

起动汽车前应检查发动机油、冷却液、燃油，变速杆是否在空挡位置，拉紧手制动器。防止起动车辆时，车辆冲出，造成事故。

【鉴定点分布】基本要求→安全驾驶知识→安全行车的基本要求

373. 氢气燃烧时不产生二氧化碳（CO_2），也不产生除（　　）以外的污染物。

A. 氮氧化物（NO_x）　　B. 一氧化碳（CO）

C. 碳氢（HC）　　D. 颗粒物

【解析】 答案：A。

氢气燃烧时不产生二氧化碳（CO_2），也不产生除氮氧化物（NO_x）以外的污染物，是目前所了解的最清洁的能源，可能是未来世界的主要能源。氢在自然界主要以化合物的形式存在，制氢的生产过程需要能源。如果制氢所消耗的能源是太阳能、水的势能、分子的动能和原子能，则可降低二氧化碳（CO_2）的排放。如果所消耗的能源是通过煤或石油燃烧得到的，则不能降低二氧化碳（CO_2）的排放。

【鉴定点分布】 基础知识→其他代用燃料→氢气性能

374. 飞轮是一个转动惯量很大的金属圆盘，主要作用是把做功行程的部分能量储存起来，以便在其他行程中克服阻力，带动曲柄连杆机构旋转（　　），使曲轴的旋转角速度和输出的转矩尽可能地均匀，并使发动机有可能克服短时间的超负荷。

A. 停在上、下止点　　B. 穿过上、下止点

C. 越过上、下止点　　D. 留在上、下止点

【解析】 答案：C。

飞轮是一个转动惯量很大的金属圆盘，主要作用是把做功行程的部分能量储存起来，以便在其他行程中克服阻力，带动曲柄连杆机构旋转越过上、下止点，使曲轴的旋转角速度和输出的转矩尽可能地均匀，并使发动机有可能克服短时间的超负荷。随着多缸发动机的应用，飞轮的质量已经较小。

【鉴定点分布】 发动机的基本构造→发动机曲柄连杆机构→发动机曲柄连杆机构的作用

375. 发动机正时齿轮配合间隙过小，发出（　　）。

A. 散乱撞击声　　B. 尖脆嗒嗒声

C. 嗡嗡声　　D. 规律撞击声

【解析】 答案：C。

正时齿轮配合间隙小，会发出连续的嗡嗡声。

【鉴定点分布】 汽车简单故障的判断与排除→发动机常见故障与异响的判断→发动机异响

二、判断题

1.（　　）道德用来调整人们之间以及个人与社会之间的关系，具有追求至善的理想性。

【解析】 答案：√。

道德规范人们的道德行为，提高人们的道德境界，形成理想人格，具有追求至善的理想性。

【鉴定点分布】 基本要求→职业道德→职业道德的基本内容

2.（　　）热情服务，就是要求汽车驾驶员在工作中以旅客、货主为中心。

【解析】 答案：√。

旅客、货主是交通运输行业的服务对象，交通运输行业的一切生产活动，都要围绕这个中心，热情为旅客、货主提供周到的服务。

【鉴定点分布】 基本要求→职业道德→职业道德的基本内容

3.（　　）道德调节是一种外在的强制力即政法机关施以惩罚。

【解析】 答案：×。

道德规范人们的道德行为，提高人们的道德境界，形成理想人格，不具有法律的强制性，是社会人的自觉行为。

【鉴定点分布】 基本要求→职业道德→职业道德的基本内容

4.（　　）崇高的职业道德，不仅表现为深厚的职业情感和良好的工作态度，还表现为完成工作的过硬本领。

【解析】 答案：√。

职业道德要有深厚的职业情感和良好的工作态度，只有这些还不够，还要有精湛的技术，才能更好地为顾客服务。

【鉴定点分布】 基本要求→职业道德→职业道德的基本内容

5.（　　）道德在调整人们行为时，采用的手段是社会舆论、传统习惯和内心信念。

【解析】 答案：√。

道德通过社会舆论、传统习惯和内心信念，规范、调整人们的行为。

【鉴定点分布】 基本要求→职业道德→职业道德的基本内容

6.（　　）驾驶员应保持车容整洁、车况良好、服务设施要齐全有效。

【解析】 答案：√。

驾驶员的岗位责任之一是保持车容整洁、车况良好、服务设施要齐全有效。

【鉴定点分布】 汽车维护检修→汽车日常维护→汽车日常维护的作用

7.（　　）汽车通过有交通信号灯的人行横道时，即使路灯放行机动车通过时，也要观察路人，随时做好制动准备，防止因行人违章通过而发生交通事故。

【解析】 答案：√。

汽车通过有交通信号灯的人行横道时，即使路灯放行机动车通过时，也要观察路人，随时做好制动准备，防止违章“中国式过马路”的行人，确无危险时再加速通过。

【鉴定点分布】 汽车驾驶→安全驾驶→安全行车的基本要求

8.（　　）不同驾驶员在驾驶操作过程中会有不同特点，但是驾驶性格与行车安全无关。

【解析】答案：×。

驾驶员因个性等不同，会形成不同的驾驶风格，但共同的是必须保证行车安全。

【鉴定点分布】汽车驾驶→安全驾驶→安全驾驶基础知识

9.（　　）机动车平稳起步的关键在于离合器踏板及手制动杆（驻车制动器操纵杆）的协调配合。

【解析】答案：√。

驾驶汽车起步行驶，特别是坡道起步，油门、离合器、驻车制动器操纵杆三者的配合是平稳、顺畅起步的关键。

【鉴定点分布】汽车驾驶→汽车驾驶理论→一般道路驾驶

10.（　　）机动车直线行驶时，驾驶员应尽量目视远处。

【解析】答案：√。

机动车直线行驶时，驾驶员尽量目视远处，也要照顾近处，远近交替，保证行车安全。

【鉴定点分布】汽车驾驶→汽车驾驶理论→一般道路驾驶

11.（　　）机动车行驶中需要停车时，对制动踏板的正确操作是一开始轻踩，逐渐加强。

【解析】答案：√。

机动车正常行驶中需要停车时，对制动踏板的正确操作是一开始轻踩，逐渐加强，这样以避免突然制动带来的不舒适感。在遇到危险情况时，必须一踩到底，保证安全。

【鉴定点分布】汽车驾驶→汽车驾驶理论→一般道路驾驶

12.（　　）汽车在高低不平的路上行驶时要注意握紧转向盘。

【解析】答案：√。

汽车在高低不平的路上行驶时要注意握紧转向盘，防止因路面不平方向摆动时，汽车偏离给定的方向，造成事故。

【鉴定点分布】汽车驾驶→汽车驾驶理论→汽车通过凸凹路面驾驶

13.（　　）具有手动挡的汽车在坡道上起步时是不会向后滑动的。

【解析】答案：×。

手动挡的汽车在坡道上起步时要注意油门、离合器、驻车制动器三者的恰当配合，才能保证汽车平稳起步；三者配合不好会向后溜车或熄火。

【鉴定点分布】汽车驾驶→汽车驾驶理论→一般道路驾驶

14.（　　）在复杂的道路上，驾驶员一定要高度集中注意力，做到“一慢二看三通过”“宁停三分不抢一秒”。

【解析】 答案：√。

驾驶员一定要高度集中注意力，认真观察道路情况，正确处理交通情况，在情况判断不准的时候做到“一慢二看三通过”“宁停三分不抢一秒”。

【鉴定点分布】 汽车驾驶→汽车驾驶理论→道路情况分析及处理

15.（　　）道路右侧的标志表示在该标志处 50 m 内禁止鸣喇叭。

【解析】 答案：√。

道路右侧的标志表示在该标志处 50 m 内禁止鸣喇叭。

【鉴定点分布】 汽车驾驶→汽车驾驶理论→道路情况分析及处理

16.（　　）汽车行驶时，与侧向道路上车辆的间距与行驶速度无关。

【解析】 答案：×。

汽车行驶时，车速越快，要求与侧向道路上的安全间距越大。

【鉴定点分布】 汽车驾驶→安全驾驶→安全行车的基本要求

17.（　　）驾驶员从感官接收外来信息到做出反应的时间称为反应时间，从发现紧急情况到开始采取处理措施最少要 1 s，通常为 1.5 s。

【解析】 答案：×。

驾驶员从感官接收外来信息到做出反应的时间称为“反应时间”，从右脚离开加速踏板放到制动踏板上的这段时间称为“换踏时间”，从用右脚踏动制动踏板到制动器摩擦片接触到制动鼓（制动盘），并开始产生制动力的这段时间称为“踏动时间”。实验证明，反应时间为 0.38～0.5 s，换踏时间为 0.17～0.23 s，踏动时间为 0.13～0.15 s。

反应时间＋换踏时间＋踏动时间＝0.68～0.93 s。美国将 0.625 s 定为驾驶员操作制动器的合格标准。

【鉴定点分布】 汽车驾驶→安全驾驶→安全驾驶基础知识

18.（　　）机动车停放好后，对离合器踏板和制动踏板的正确操作顺序是：制动踏板先抬起，离合器踏板后抬起。

【解析】 答案：×。

机动车停放好后，对离合器踏板和制动踏板的正确操作顺序是离合器踏板先抬起，制动踏板后抬起。这样即使离合器接合后，变速器不在空挡位置，制动器仍在制动，车也不会冲出去。

【鉴定点分布】 汽车驾驶→汽车驾驶理论→一般道路驾驶

19.（　　）机动车在狭窄路上会车时，先到达宽阔处的机动车要礼让对向车辆。

【解析】 答案：√。

机动车在狭窄路上会车时，先到达宽阔处的机动车要礼让对向车辆。这样可以减少交通拥堵，看似“慢”实际快。

【鉴定点分布】 汽车驾驶→汽车驾驶理论→一般道路驾驶

20.（　　）细锉刀可以锉软金属。

【解析】 答案：×。

细锉刀不能锉软金属。细锉刀的容屑槽非常浅，易被软金属屑堵塞，不易清除。

【鉴定点分布】 基础知识→钳工常用工具与量具→钳工常用工具与量具的使用

21.（　　）锯削是用手锯或机械锯把金属材料分割、开缝和切槽的加工方法。

【解析】 答案：√。

钳工用手锯切断材料，在工件上开槽等。

【鉴定点分布】 基础知识→钳工常用工具与量具→钳工常用工具与量具的使用

22.（　　）厚薄规俗称塞尺或片尺，用来检验两个接合表面之间的间隙大小，如测量气门间隙，制动蹄片与制动鼓之间的间隙等。

【解析】 答案：√。

厚薄规俗称塞尺或片尺，用来检验两个接合表面之间的间隙大小。由一组厚度不同的薄钢片组成。

【鉴定点分布】 基础知识→钳工常用工具与量具→钳工常用工具与量具的使用

23.（　　）百分表用来测量工件的几何形状偏差和配合位置偏差，如平行度、垂直度、跳动量和间隙等。

【解析】 答案：√。

百分表是一种比较性量具，用来测量工件的几何形状偏差和配合位置偏差，如平行度、垂直度、跳动量和间隙等。

【鉴定点分布】 基础知识→钳工常用工具与量具→钳工常用工具与量具的使用

24.（　　）千分尺在微分筒的圆锥面上刻有 50 条等分的刻线，测微螺杆后面有精密螺纹，螺距是 0.5 mm。

【解析】 答案：√。

千分尺在微分筒的圆锥面上刻有 50 条等分的刻线，测微螺杆后面有精密螺纹，螺距是 0.5 mm。测微螺杆和微分筒固定在一起，微分筒每转过一格，测微螺杆向前（或向后）移动 0.01 mm（0.5 mm/50＝0.01 mm），所以千分尺的精度是 0.01 mm。

【鉴定点分布】基础知识→钳工常用工具与量具→钳工常用工具与量具的使用

25.（　　）千分尺可以测量未加工零件的尺寸。

【解析】答案：×。

千分尺是精密量具，不能测量零件的未加工表面，测量零件未加工表面，会损坏千分尺。

【鉴定点分布】基础知识→钳工常用工具与量具→钳工常用工具与量具的使用

26.（　　）常用的千斤顶有液压式、气压式和机械式三种。

【解析】答案：√。

千斤顶是常用的举起重物的工具，有液压式、气压式和机械式三种。使用千斤顶举起重物时，千斤顶要放平稳，支撑点要准确，注意安全。

【鉴定点分布】基础知识→钳工常用工具与量具→钳工常用工具与量具的使用

27.（　　）錾削操作前，必须检查锤头是否松动，如有松动现象，必须用铁楔楔牢，防止使用时锤头脱出。

【解析】答案：√。

钳工錾削操作前，必须检查锤头是否松动，有松动时必须楔牢后方可使用，防止锤头脱落伤人，确保安全生产。

【鉴定点分布】基础知识→钳工常用工具与量具→钳工常用工具与量具的使用

28.（　　）錾削操作前，必须检查锤头是否松动。

【解析】答案：√。

钳工錾削操作前，必须检查锤头是否松动，有松动时必须楔牢后方可使用，防止锤头脱落伤人，确保安全生产。

【鉴定点分布】基础知识→钳工常用工具与量具→钳工常用工具与量具的使用

29.（　　）錾子被敲击面有卷边、毛刺不必清除，可以保护手少受伤害。

【解析】答案：×。

錾子被敲击面有卷边、毛刺必须清除。不清除錾子被敲击面的卷边、毛刺，在錾削过程中，卷边、毛刺脱落飞出，会导致安全事故。

【鉴定点分布】基础知识→钳工常用工具与量具→钳工常用工具与量具的使用

30.（　　）钳工用麻花钻头在零件上钻孔前必须试钻孔，测量出钻孔的尺寸精度后，才能进行正式钻孔。

【解析】答案：√。

麻花钻头两边的切削刃必须相等，不相等时会使钻出的孔的直径大于公称尺寸或失圆，因此在用麻花钻头在零件上钻孔前必须试钻。

【鉴定点分布】基础知识→钳工常用工具与量具→钳工常用工具与量具的使用

31.（　　）力矩的基本单位是牛·米。

【解析】答案：√。

力矩的基本单位是牛·米，用符号N·m表示。

【鉴定点分布】基础知识→国际标准单位→国际单位制

32.（　　）电流强度的单位是安培。

【解析】答案：√。

电流强度的单位是安培，用A表示。

【鉴定点分布】基础知识→国际标准单位→国际单位制

33.（　　）汽车满载时的总质量称为最大总质量。

【解析】答案：√。

汽车满载时的总质量称为最大总质量。包括汽车装备质量和装载重量。

【鉴定点分布】汽车构造基本知识→汽车构造概述→汽车的主要技术参数

34.（　　）发动机配气机构顶置式气门间隙的调整部位是在挺杆上。

【解析】答案：×。

顶置式气门发动机配气机构间隙的调整部位在摇臂处。

【鉴定点分布】发动机的基本构造→发动机配气机构→发动机配气机构的组成

35.（　　）防冻液中的乙二醇浓度越大，冷却效果越好。

【解析】答案：×。

乙二醇水溶液的质量分数在0～68%范围时，其逐渐增加而冰点逐渐非线性地下降。当乙二醇的水溶液的质量分数达到68%时，其冰点可达−68℃；当乙二醇水溶液的质量分数继续增加时，其冰点反而逐渐回升，直至回升到−13℃。

【鉴定点分布】基础知识→冷却液（防冻液）→冷却液（防冻液）性能

36.（　　）压缩比较高的发动机应选用高辛烷值汽油。

【解析】答案：√。

发动机的压缩比和转速越高，对汽油的抗爆性要求越高，需要用高辛烷值的汽油。

【鉴定点分布】基础知识→汽油使用性能→汽油的抗爆性

37.（　　）选用轻柴油时，使用地区气温低，要选用凝点较低的轻柴油；反之，应选用凝点较高的轻柴油。

【解析】答案：√。

柴油发动机使用地区的气温低，需要选用凝点低的柴油，防止柴油冷凝，柴油机无法起动或运转。

【鉴定点分布】基础知识→柴油使用性能→柴油的流动性

38.（　　）齿轮油在选用时，选用黏度越大越好。

【解析】答案：×。

选用齿轮油时，要依据使用地区的环境温度和工作负荷选择齿轮油的黏温性。

【鉴定点分布】基础知识→齿轮油→齿轮油选用

39.（　　）在选用汽车轮胎时，所选轮胎的速度等级必须与车辆最高行驶速度相适应。

【解析】答案：√。

轮胎的速度等级表示轮胎恢复原来形状的能力，所选轮胎等级必须与车辆最高行驶速度相适应。如果所选轮胎速度等级低于车辆最高行驶速度，车辆高速行驶时，轮胎可能形成“驻波现象”。轮胎一旦出现驻波现象，轻者轮胎损坏，重者车毁人亡。

【鉴定点分布】基础知识→轮胎分类及使用→轮胎速度等级

40.（　　）汽车轮胎使用过程中，轮胎气压过低时，胎面接地面积大，有利于汽车行驶。

【解析】答案：×。

轮胎气压必须符合该型轮胎的充气标准。汽车轮胎使用过程中，轮胎气压过低时，轮胎刚度变小，变形增大，相当于速度等级降低，会造成轮胎异常磨损、高速爆胎等。

【鉴定点分布】基础知识→轮胎分类及使用→轮胎充气的规定

41.（　　）汽车驱动力的大小主要取决于发动机输出功率的大小。

【解析】答案：×。

汽车驱动力的大小不仅仅取决于发动机输出功率的大小，还取决于地面附着力的大小；在地面附着力足够大时，汽车驱动力的大小取决于发动机输出功率的大小。

【鉴定点分布】汽车底盘的基本结构→汽车行驶系的基础知识→汽车行驶系的组成与作用

42.（　　）汽车底盘是汽车构成的基础，由传动系、照明系、燃料供给系和制动系四大部分组成。

【解析】答案：×。

汽车底盘由传动系、行驶系、转向系和制动系四大部分组成。

【鉴定点分布】汽车构造基本知识→汽车构造概述→汽车的总体构造

43.（　　）汽车变速器的某一挡位的传动比即是该挡的降速比，也是该挡的增矩比。

【解析】答案：√。

汽车变速器的重要作用之一是减速增矩，扩大驱动车轮的转矩和转速的变化范围，以适应汽车经常变化的行驶条件。汽车变速器的某一挡位的传动比，当动力从发动机传向驱动车轮时，是该挡的降速比，也是该挡的增矩比。

【鉴定点分布】汽车底盘的基本结构→汽车传动系的基础知识→汽车传动系的组成与作用

44.（　　）汽车仪表盘上的符号的含义是燃油指示灯。

【解析】答案：×。

汽车仪表盘上的符号的含义是机油压力指示灯。

【鉴定点分布】发动机的基本构造→发动机润滑系→发动机润滑系的组成

45.（　　）制动灯装于汽车后面，由制动开关控制，灯光一律为红色。

【解析】答案：√。

GB4785—2007 规定车辆必须配备 2 只 S1 或 S2 类制动灯。横向安装位置距车辆最外缘距离小于 600 mm。制动灯颜色为红色，当使用行车制动装置时，制动灯必须点亮。

【鉴定点分布】汽车底盘的基本结构→汽车制动系的组成与作用→汽车制动系的作用

46.（　　）汽车最佳的制动状态是车轮完全被抱死而发生滑移时。

【解析】答案：×。

汽车最佳制动状态是车轮的滑移率由 ABS 控制系统控制在 20%左右时。

【鉴定点分布】汽车底盘的基本结构→汽车制动系的组成与作用→汽车制动系的作用

47.（　　）制动拖滞，会造成行驶跑偏。

【解析】答案：√。

汽车制动后，制动器摩擦片回位缓慢，会造成制动拖滞。车轮制动器拖滞的状态不一致会造成行驶跑偏。

【鉴定点分布】汽车底盘的基本结构→汽车制动系的组成与作用→汽车制动系的作用

48.（　　）发动机在使用过程中，任何水都可以直接作为冷却水加注。

【解析】答案：×。

发动机工作中需要补充冷却液时，只能加注同样牌号、厂家的冷却液。除非在特殊情况，救急时才可加注“任何水”，到达目的地后，立即清洗冷却系统，更换成正常品牌冷却液。

【鉴定点分布】基础知识→冷却液（防冻液）→冷却液（防冻液）牌号与选用

49.（　　）汽车离合器踏板自由行程越大越好。

【解析】答案：×。

汽车离合器踏板自由行程必须符合生产厂家的规定值。离合器踏板自由行程过大，使踏板工作有效行程减小，压盘与从动盘处于半联动状态，产生分离不彻底故障。汽车离合器踏板自由行程规定值为15～20 mm，离合器踏板自由行程不在此范围时，需要调整到这一范围内。

【鉴定点分布】汽车底盘的基本结构→汽车传动系的基础知识→汽车离合器的组成与作用

50.（　　）离合器故障，不会影响变速器正常工作。

【解析】答案：×。

离合器故障，会导致变速器换挡困难、换挡异响等。

【鉴定点分布】汽车底盘的基本结构→汽车传动系的基础知识→汽车离合器的组成与作用

51.（　　）汽车制动踏板的正确踏位是将右脚前脚掌置于制动踏板中央。

【解析】答案：√。

右脚前脚掌置于制动踏板中央，在制动时便于用力，不易出现滑脱现象。

【鉴定点分布】汽车驾驶→安全驾驶→安全驾驶基础知识

52.（　　）松抬汽车加速踏板，发动机转速下降。

【解析】答案：√。

汽车行驶时，抬起加速踏板，进入发动机气缸的可燃混合气（压燃式发动机为燃料）减少，发动机转速和功率下降。

【鉴定点分布】发动机的基本构造→发动机供给系的组成与作用→发动机供给系的作用

53.（　　）踏下汽车加速踏板，发动机转速升高。

【解析】答案：√。

汽车行驶时，踏下加速踏板，进入发动机气缸的可燃混合气（压燃式发动机为燃料）增加，发动机转速升高和输出功率增加。

【鉴定点分布】发动机的基本构造→发动机供给系的组成与作用→发动机供给系的作用

54.（　　）汽车发动机起动系的控制装置具有直接接入和隔除点火线圈附加电阻

的作用。

【解析】 答案：√。

汽车起动时，将点火线圈附加电阻暂时短路，可增加点火线圈初级电流，使次级线圈感应出更高的次级电压，增加点火能量，有利于发动机冷起动。

【鉴定点分布】 发动机的基本构造→发动机起动系→发动机起动系的作用

55.（　　）汽车风窗玻璃刮水器开关有空挡位、低速挡位和间歇挡位。

【解析】 答案：×。

汽车风窗玻璃刮水器开关有快速连续刮水挡位、慢速连续刮水挡位和间歇操作挡位。

【鉴定点分布】 基础知识→电工学基础知识→相关电器知识

56.（　　）机动车行驶到距离弯道 40～80 m 处时，应发出转弯信号，即左转弯开左转向灯，右转弯开右转向灯。

【解析】 答案：√。

交通法规规定，机动车行驶到距离弯道 40～80 m 处时，应发出转弯信号，即左转弯开左转向灯，右转弯开右转向灯，示意本车转向，其他车辆注意，采取相应措施。

【鉴定点分布】 汽车驾驶→汽车驾驶理论→弯道驾驶

57.（　　）在化油器式汽油发动机的化油器上，装有阻风门，阻风门拉手一般安装在仪表盘的左下侧，用来控制化油器阻风门的开闭，从而控制可燃混合气浓度。

【解析】 答案：√。

在化油器式汽油发动机的化油器上，装有阻风门，改变阻风门开度，可以改变进入发动机气缸的空气量，从而控制进入发动机气缸可燃混合气的浓度。

【鉴定点分布】 发动机的基本构造→化油器式汽油发动机燃料供给系的组成与作用→化油器式汽油发动机燃料供给系的组成

58.（　　）汽油喷射发动机的汽油喷射装置按喷油器安装部位分为单点喷射方式和多点喷射方式。

【解析】 答案：√。

汽油喷射发动机的汽油喷射装置按喷油器安装部位分为单点喷射方式和多点喷射方式。

【鉴定点分布】 发动机的基本构造→电控汽油发动机燃料供给系的组成与作用→电控汽油发动机燃料供给系的组成

59.（　　）当 ATF 油中有氧化物沉淀和杂质时，过滤后仍可继续使用。

【解析】 答案：×。

ATF油中有氧化物沉淀和杂质时，说明自动变速器液力传动油已经氧化变质，需要立即更换新油。

【鉴定点分布】基础知识→液力传动油→液力传动油的选用与使用

60.（　　）汽油发动机通常没有点火系。

【解析】答案：×。

汽油发动机由曲柄连杆机构、配气机构两大机构；启动系、供给系、冷却系、润滑系和点火系五大系统组成。

【鉴定点分布】发动机的基本构造→发动机的基本组成→发动机的基本组成部分

61.（　　）点火正时调整就是使分电器轴的位置与发动机活塞的位置相匹配，以便点火系在适当的时间点火。

【解析】答案：√。

触点式点火系调整点火正时一般是调整分电器轴与一缸活塞上止点位置（也可用其他缸调整点火正时，要与该缸的活塞上止点对应），保证点火系在恰当时间点火。

【鉴定点分布】发动机的基本构造→触点式点火系的组成与作用→触点式点火系的作用

62.（　　）柴油机燃料系内进入空气后，会产生气阻现象。

【解析】答案：√。

柴油发动机燃料供给系中进入空气，由于空气是可以压缩的，当空气的体积达到或超过输油泵每次压缩的容积时，发动机得不到足够的燃料供应，发动机加速无力或不能工作，这种现象称为“油路气阻”，必须及时排除。

【鉴定点分布】发动机的基本构造→压燃式发动机（柴油机）供给系→压燃式发动机（柴油机）供给系的作用

63.（　　）喷油器工作不正常，将直接影响整个发动机的工作状态。

【解析】答案：√。

喷油器的技术状态直接影响喷入气缸燃烧室燃油的油滴的颗粒大小和燃油雾化程度。喷油器工作不正常，会导致发动机怠速不稳定、加速无力、油耗增加、发动机排放超标。

【鉴定点分布】发动机的基本构造→压燃式发动机（柴油机）供给系→压燃式发动机（柴油机）供给系的作用

64.（　　）冷却液沸腾，说明发动机过热。

【解析】答案：√。

发动机过热，会使冷却液沸腾。发现冷却液沸腾时，要立即找出原因，排出冷却系故障。

【鉴定点分布】发动机的基本构造→发动机冷却系→发动机冷却系的作用

65.（　　）冷却泵泵液能力下降，会导致发动机过热。

【解析】答案：√。

冷却泵泵液能力下降，冷却液循环流动的量减少，使燃烧时传导到冷却系统中的热量不能及时通过散热器传到大气中去，导致发动机过热。

【鉴定点分布】发动机的基本构造→发动机冷却系→发动机冷却系的作用

66.（　　）高压电路短路不是点火系故障。

【解析】答案：×。

点燃式发动机点火系高压电路短路故障会导致发动机功率下降、油耗上升、发动机尾气排放超标。

【鉴定点分布】发动机的基本构造→触点式点火系的组成与作用→触点式点火系的作用

67.（　　）火花塞故障不会引起发动机点火系故障。

【解析】答案：×。

火花塞故障会导致发动机点火系故障，使发动机功率下降、油耗上升、发动机尾气排放超标。

【鉴定点分布】发动机的基本构造→触点式点火系的组成与作用→触点式点火系的作用

68.（　　）点火线圈高压线短路，不会造成高压电路故障。

【解析】答案：×。

点火线圈高压线短路，会造成高压电路故障。导致发动机功率下降、油耗上升、发动机尾气排放超标。

【鉴定点分布】发动机的基本构造→触点式点火系的组成与作用→触点式点火系的作用

69.（　　）判断点火式发动机低压电路故障采用试灯法检测点火系故障时，未打开点火开关，试灯亮处，故障为短路。

【解析】答案：√。

用试灯法检测点火系故障时，未打开点火开关，试灯亮处，说明该处电路短路。

【鉴定点分布】发动机的基本构造→触点式点火系的组成与作用→触点式点火系的作用

70.（　　）测量电流表进线端与车体间电阻值，电阻值不为零，则电流表断路。

【解析】 答案：×。

用万用表电阻挡判断电路故障，测量电流表进线端与车体间电阻值，电阻值不为零，说明电路导通。

【鉴定点分布】 基础知识→电工学基础→电路与电路图

71.（　　）测量电容器引出线接头与分电器活动触点臂安装柱间电阻，电阻无穷大，故障为活动臂触点安装柱断路。

【解析】 答案：√。

用万用表电阻挡判断电路故障，测量电容器引出线接头与分电器活动触点臂安装柱间电阻，电阻无穷大，说明电路未导通，故障为活动臂触点安装柱断路。

【鉴定点分布】 发动机的基本构造→触点式点火系的组成与作用→触点式点火系的作用

72.（　　）三极管的放大作用是三极管的最基本和最重要的特性。

【解析】 答案：√。

三极管有三种工作状态：放大状态、饱和状态和截止状态。三极管的放大作用是三极管的最基本和最重要的特性。

【鉴定点分布】 基础知识→电工学基础知识→晶体管基础知识

73.（　　）晶体二极管按结构可以分为点接触和线接触两类。

【解析】 答案：×。

晶体二极管按结构可以分为点接触和面接触两类。点接触晶体二极管常用作检波器件，面接触晶体二极管常用作整流器件。

【鉴定点分布】 基础知识→电工学基础知识→晶体管基础知识

74.（　　）现代汽车交流发电机多采用集成电路调节器。

【解析】 答案：√。

集成电路调节器体积小、功率大、工作可靠，现代汽车交流发电机多采用集成电路调节器。

【鉴定点分布】 基础知识→电工学基础知识→电压调节器的种类、组成与作用

75.（　　）前轮轮辋变形，不会造成方向打摆。

【解析】 答案：×。

前轮轮辋变形，会造成方向打摆、前轮异常磨损、制动跑偏等故障。

【鉴定点分布】 汽车简单故障的判断与排除→汽车底盘常见故障现象→汽车转向系常见故障

76.（　　）汽车底盘中，前轮先于后轮制动会产生制动点头现象。

【解析】答案：√。

制动时，前轮先于后轮制动会产生制动点头现象。

【鉴定点分布】汽车简单故障的判断与排除→汽车底盘常见故障现象→制动系常见故障

77.（ ）动力转向油路泄漏，不会造成转向沉重。

【解析】答案：×。

汽车动力转向油路泄漏，助力能力下降，会导致转向沉重。

【鉴定点分布】汽车简单故障的判断与排除→汽车底盘常见故障现象→汽车转向系常见故障

78.（ ）汽车底盘中，液压制动系统制动蹄回位弹簧弹力下降，会产生制动甩尾现象。

【解析】答案：×。

液压制动系统制动蹄回位弹簧弹力下降，会产生制动拖滞，引起车辆起步困难或熄火；导致制动鼓（盘）温度升高，制动恒定性变坏。

【鉴定点分布】汽车简单故障的判断与排除→汽车底盘常见故障现象→制动系常见故障

79.（ ）柴油发动机高、低压油路堵塞、漏气均会导致柴油机不起动。

【解析】答案：√。

柴油发动机高、低压油路堵塞、漏气都能导致发动机不能起动。

【鉴定点分布】发动机的基本构造→压燃式发动机（柴油机）供给系→压燃式发动机（柴油机）供给系的作用

80.（ ）非增压式柴油机进气系统堵塞，会导致柴油机功率下降，油耗上升。

【解析】答案：√。

自然进气柴油发动机进气系统堵塞，使发动机充气效率（η_v）下降，使发动机功率下降、油耗上升、排放超标。

【鉴定点分布】发动机的基本构造→压燃式发动机（柴油机）供给系→压燃式发动机（柴油机）供给系的作用

81.（ ）发动机曲轴箱通风装置漏气会造成点火系工作正常，而发动机却不能起动。

【解析】答案：×。

发动机曲轴箱通风装置漏气会污染环境，发动机工作正常。

【鉴定点分布】发动机的基本构造→发动机的基本组成→发动机基本组成部分的作

用

82.（　　）电喷发动机的维护项目要求检查微电脑插头是否牢固可靠地插在插座内。

【解析】答案：√。

汽车维护的内容为：清洁、紧固、润滑，包含检查各种接头、插头连接可靠。

【鉴定点分布】汽车维护检修→汽车的日常维护→汽车日常维护的项目

83.（　　）电喷发动机的维护项目要求检查进气系统各软管及真空接头，确认牢固、可靠、无泄漏现象。

【解析】答案：√。

汽车维护的内容为：清洁、紧固、润滑，包含检查各种接头、插头连接可靠；各种管路密封良好无泄漏。

【鉴定点分布】汽车维护检修→汽车的日常维护→汽车日常维护的项目

84.（　　）电喷发动机的维护项目要求检查蓄电池连线，确认清洁、牢固、可靠。

【解析】答案：√。

汽车维护的内容为：清洁、紧固、润滑，包含检查各种导线接头、插头连接可靠；各种管路密封良好无泄漏。

【鉴定点分布】汽车维护检修→汽车的日常维护→汽车日常维护的项目

85.（　　）电喷发动机的维护项目要求检查分电器盖与高压线，确定分电器盖无裂纹，高压线连接可靠，保持清洁。

【解析】答案：√。

汽车维护的内容为：清洁、紧固、润滑，包含检查各种导线接头、插头连接可靠；各种管路密封良好无泄漏；各元器件无裂损、性能可靠。

【鉴定点分布】汽车维护检修→汽车的日常维护→汽车日常维护的项目

86.（　　）车辆左侧后视镜的正确调试方法：上、下位置是把远处的地平线置于中央，左、右位置则调整至车身占据镜面范围的1/4。

【解析】答案：√。

这样调整后视镜，可清楚观察车后方情况，减少后视镜死角。

【鉴定点分布】汽车驾驶→汽车驾驶理论→一般道路驾驶

87.（　　）车辆日常维护是驾驶员必须完成的日常作业。

【解析】答案：√。

中华人民共和国交通部令第13号《汽车运输业车辆技术管理规定》第四十九

（一）规定：日常维护是日常性作业，由驾驶员负责执行。其作业中心内容是清洁、补给和安全检视。

【鉴定点分布】汽车维护检修→汽车的日常维护→汽车日常维护的项目

88.（　　）汽车日常维护分上午维护、中午维护和下午维护三个阶段。

【解析】答案：×。

出车前维护、行车中维护和收车后的维护是日常维护的三个阶段。每个阶段维护的侧重面不同。出车前维护主要是安全和补给：包括燃料、机油、水、制动踏板、喇叭、灯等。行车中主要检查安全，如轮胎有无泄漏等。收车后维护主要检查车身、轮胎、有无泄漏等。

【鉴定点分布】汽车维护检修→汽车的日常维护→汽车日常维护的项目

89.（　　）汽车日常维护的作业内容有对汽车机油、冷却液、制动液、轮胎气压进行检查补给。

【解析】答案：√。

中华人民共和国交通部令第 13 号《汽车运输业车辆技术管理规定》第四十九（一）规定：日常维护是日常性作业，由驾驶员负责执行。其作业中心内容是清洁、补给和安全检视。

【鉴定点分布】汽车维护检修→汽车的日常维护→汽车日常维护的项目

90.（　　）对汽车外表进行清洁，保持车容整洁。清洗汽车车身时，应待车身表面冷却之前进行清洗。

【解析】答案：×。

清洗汽车车身，任何时间均可进行，与车身冷却与否无关。

【鉴定点分布】汽车维护检修→汽车维护→汽车维护的项目

91.（　　）自动变速器加油量以容量为准。

【解析】答案：×。

自动变速器更换液压传动液时以规定容量为准，在自动变速器油量不足补充液压传动液时，自动变速器油温低（21℃，“70℉”）液压油加注时加注量为油尺刻线的下限以上附近（或油尺的“ADD”记号附近）；如果在变速器正常工作温度（82℃，“180℉”），油量应在油尺刻线上限附近（或油尺的“HOT”记号附近）。

【鉴定点分布】汽车底盘的基本结构→汽车传动系的基础知识→汽车液力自动变速器（AT）的组成与作用

92.（　　）汽车转弯行驶时，转向系统突然失效，汽车将沿与弯道半径垂直方向直线行驶。

【解析】答案：√。

汽车转弯行驶时，转向系统突然失效，转向车轮的自动回正力矩使车轮自动回正，汽车将沿与弯道半径垂直方向直线行驶。

【鉴定点分布】汽车底盘的基本结构→汽车转向系→汽车转向器的作用

93.（　　）汽车发生侧滑时，需急速向侧滑方向转动转向盘，可使车辆迅速解除侧滑。

【解析】答案：√。

汽车发生侧滑时，需急速向侧滑方向转动转向盘，加大转向半径，减小离心力，可使车辆迅速解除侧滑。

【鉴定点分布】汽车底盘的基本结构→汽车转向系→汽车转向器的作用

94.（　　）驱动桥一般由主减速器、差速器、半轴和驱动桥壳组成。

【解析】答案：√。

汽车驱动桥主要由主减速器、差速器、半轴和驱动桥壳组成。完成将传动轴传来的转矩改变旋转方向 90°并使两侧车轮可以以不同转速旋转的任务。

【鉴定点分布】汽车底盘的基本结构→汽车传动系的基础知识→汽车驱动桥的组成与作用

95.（　　）驱动桥的作用之一是将万向传动装置传来的动力传给驱动车轮，并实现降速以增大转矩。

【解析】答案：√。

汽车驱动桥的作用之一是将万向传动装置传来的动力传给驱动车轮，并实现降速以增大转矩。

【鉴定点分布】汽车底盘的基本结构→汽车传动系的基础知识→汽车驱动桥的组成与作用

96.（　　）驱动桥的作用之一是将万向传动装置传来的发动机纵向转矩，经驱动桥锥形齿轮改变传递方向 90°后横向传出，驱动车轮旋转。

【解析】答案：√。

汽车驱动桥主要由主减速器、差速器、半轴和驱动桥壳组成。完成将传动轴传来的转矩改变旋转方向 90°并使两侧车轮可以以不同转速旋转的任务。

【鉴定点分布】汽车底盘的基本结构→汽车传动系的基础知识→汽车驱动桥的组成与作用

97.（　　）驱动桥的作用之一是使左、右驱动车轮以不同转速转动，满足汽车在转弯行驶时的需要。

【解析】答案：√。

汽车驱动桥主要由主减速器、差速器、半轴和驱动桥壳组成。完成将传动轴传来的转矩改变旋转方向90°并使两侧车轮可以以不同转速旋转的任务。

【鉴定点分布】汽车底盘的基本结构→汽车传动系的基础知识→汽车驱动桥的组成与作用

98.（　　）驱动桥的作用之一是承担整车的大部分载荷。

【解析】答案：√。

汽车驱动桥主要由主减速器、差速器、半轴和驱动桥壳组成。完成将传动轴传来的转矩改变旋转方向90°并使两侧车轮可以以不同转速旋转的任务。驱动桥的作用之一是承担整车的大部分载荷。

【鉴定点分布】汽车底盘的基本结构→汽车传动系的基础知识→汽车驱动桥的组成与作用

99.（　　）主减速器的功用是降速、增矩，在发动机纵置时还具有改变转矩方向的作用。

【解析】答案：√。

汽车驱动桥主要由主减速器、差速器、半轴和驱动桥壳组成。完成将传动轴传来的转矩改变旋转方向90°并使两侧车轮可以以不同转速旋转的任务。驱动桥的作用之一是承担整车的大部分载荷。

【鉴定点分布】汽车底盘的基本结构→汽车传动系的基础知识→汽车驱动桥的组成与作用

100.（　　）主减速器按参与减速传动齿轮的对数，可分为单级主减速器和双级主减速器。

【解析】答案：√。

汽车驱动桥主减速器按参与减速传动齿轮的对数，可分为单级主减速器和双级主减速器。

【鉴定点分布】汽车底盘的基本结构→汽车传动系的基础知识→汽车驱动桥的组成与作用

101.（　　）差速器的功用是在汽车转向行驶过程中，允许两半轴以不同转速旋转，满足两驱动轮行驶距离不等的要求，使汽车既能直线行驶，也能轻便地转向行驶。

【解析】答案：√。

汽车差速器的功用是在汽车转向行驶过程中，允许两半轴以不同转速旋转，满足两驱动车轮行驶路程不同的需要，使汽车既能直线行驶，又能轻便地转弯。

【鉴定点分布】汽车底盘的基本结构→汽车传动系的基础知识→汽车驱动桥的组成与作用

102.（　　）差速器的功用是在汽车转向行驶过程中，允许两半轴以不同转速旋转，减少轮胎磨损。

【解析】答案：√。

汽车驱动桥差速器的功用是在汽车转向行驶过程中，允许两半轴以不同转速旋转，使外侧车轮转速大于内侧车轮，外侧车轮纯滚动，不被拖滑，减少轮胎磨损。

【鉴定点分布】汽车底盘的基本结构→汽车传动系的基础知识→汽车驱动桥的组成与作用

103.（　　）汽车上广泛应用的齿轮式差速器主要由4个圆锥行星齿轮、行星齿轮轴（十字轴）、两个半轴齿轮和差速器壳等组成。

【解析】答案：√。

汽车上广泛应用的齿轮式差速器主要由4个圆锥行星齿轮、行星齿轮轴（十字轴）、两个半轴齿轮和差速器壳等组成。

【鉴定点分布】汽车底盘的基本结构→汽车传动系的基础知识→汽车驱动桥的组成与作用

104.（　　）半轴的作用之一是在差速器与驱动桥之间传递转矩。

【解析】答案：√。

半轴的作用之一是在差速器与驱动桥之间传递转矩。

【鉴定点分布】汽车底盘的基本结构→汽车传动系的基础知识→汽车驱动桥的组成与作用

105.（　　）半轴的作用之一是实现两驱动车轮以不同转速旋转。

【解析】答案：√。

半轴的作用之一是实现两驱动车轮以不同转速旋转。

【鉴定点分布】汽车底盘的基本结构→汽车传动系的基础知识→汽车驱动桥的组成与作用

106.（　　）半轴所传递的转矩大，一般用空心轴。

【解析】答案：×。

半轴所传递的转矩大，一般用实心轴。

【鉴定点分布】汽车底盘的基本结构→汽车传动系的基础知识→汽车驱动桥的组成与作用

107.（　　）半轴所传递的转矩大，一般用实心轴。

【解析】答案：√。

半轴所传递的转矩大，一般用实心轴。

【鉴定点分布】汽车底盘的基本结构→汽车传动系的基础知识→汽车驱动桥的组成与作用

108.（　）汽车行驶系的功用之一是将汽车构成一个整体，支撑汽车全部重量。

【解析】答案：√。

汽车行驶系的功用是将汽车构成一个整体，支撑汽车全部重量，将传动系传来的转矩转化为汽车行驶的驱动力，承受外界环境作用于车轮上的各种反力和力矩，减少振动，缓和冲击，保证汽车平顺行驶。

【鉴定点分布】汽车底盘的基本结构→汽车行驶系的基础知识→汽车行驶系的组成与作用

109.（　）汽车行驶系的功用之一是将传动系传来的转矩转化为汽车行驶的驱动力。

【解析】答案：√。

汽车行驶系的功用是将汽车构成一个整体，支撑汽车全部重量，将传动系传来的转矩转化为汽车行驶的驱动力，承受外界环境作用于车轮上的各种反力和力矩，减少振动，缓和冲击，保证汽车平顺行驶。

【鉴定点分布】汽车底盘的基本结构→汽车行驶系的基础知识→汽车行驶系的组成与作用

110.（　）汽车行驶系的功用之一是承受外界环境作用于车轮上的各种反力和力矩。

【解析】答案：√。

汽车行驶系的功用是将汽车构成一个整体，支撑汽车全部重量，将传动系传来的转矩转化为汽车行驶的驱动力，承受外界环境作用于车轮上的各种反力和力矩，减少振动、缓和冲击、保证汽车平顺行驶。

【鉴定点分布】汽车底盘的基本结构→汽车行驶系的基础知识→汽车行驶系的组成与作用

111.（　）汽车行驶系的功用之一是减少振动、缓和冲击、保证汽车平顺行驶。

【解析】答案：√。

汽车行驶系的功用是将汽车构成一个整体，支撑汽车全部重量，将传动系传来的转矩转化为汽车行驶的驱动力，承受外界环境作用于车轮上的各种反力和力矩，减少振动、缓和冲击、保证汽车平顺行驶。

【鉴定点分布】 汽车底盘的基本结构→汽车行驶系的基础知识→汽车行驶系的组成与作用

112.（　　）汽车行驶系一般由车架、车桥、悬架和轮胎等组成。

【解析】 答案：√。

汽车行驶系一般由车架、车桥、悬架和轮胎等组成。车架是汽车的基体，发动机、传动系、转向系、制动系、车身总成和部件都安装在车架上。车架除承受静载荷，还要承受汽车行驶时各系统总成传来的力和力矩。

【鉴定点分布】 汽车底盘的基本结构→汽车行驶系的基础知识→汽车行驶系的组成与作用

113.（　　）车架是汽车的基体，发动机、传动系、转向系、制动系、车身总成和部件都安装在车架上。

【解析】 答案：√。

汽车行驶系一般由车架、车桥、悬架和轮胎等组成。车架是汽车的基体，发动机、传动系、转向系、制动系、车身总成和部件都安装在车架上。车架除承受静载荷，还要承受汽车行驶时各系统总成传来的力和力矩。

【鉴定点分布】 汽车底盘的基本结构→汽车行驶系的基础知识→车架的组成与作用

114.（　　）车架除承受静载荷，还要承受汽车行驶时各系统总成传来的力和力矩。

【解析】 答案：√。

汽车行驶系一般由车架、车桥、悬架和轮胎等组成。车架是汽车的基体，发动机、传动系、转向系、制动系、车身总成和部件都安装在车架上。车架除承受静载荷，还要承受汽车行驶时各系统总成传来的力和力矩。

【鉴定点分布】 汽车底盘的基本结构→汽车行驶系的基础知识→车架的组成与作用

115.（　　）汽车上装用的车架按其结构形式可分为边梁式、中梁式、综合式和无梁式。

【解析】 答案：√。

汽车上装用的车架按其结构形式可分为边梁式、中梁式、综合式和无梁式。

【鉴定点分布】 汽车底盘的基本结构→汽车行驶系的基础知识→车架的组成与作用

116.（　　）四轮汽车的车桥通过悬架与车架（或承载式车身）相连接，两端安装车轮。

【解析】 答案：√。

车桥通过悬架（或承载式车身）与车架相连，其两端安装车轮。车架所承受的垂直载荷通过悬架和车桥传到车轮。车轮受到的滚动阻力、驱动力、制动力及其弯矩、扭矩等，通过车桥传递给悬架和车架，即车桥的作用是传递车架与车轮之间各方向的作用力及其所产生的弯矩和扭矩。

【鉴定点分布】汽车底盘的基本结构→汽车行驶系的基础知识→车桥的组成与作用

117.（　　）车架所承受的各种载荷通过悬架和车桥传给车轮。

【解析】答案：√。

车桥通过悬架（或承载式车身）与车架相连，其两端安装车轮。车架所承受的垂直载荷通过悬架和车桥传到车轮。车轮受到的滚动阻力、驱动力、制动力及其弯矩、扭矩等，通过车桥传递给悬架和车架，即车桥的作用是传递车架与车轮之间各方向的作用力及其所产生的弯矩和扭矩。

【鉴定点分布】汽车底盘的基本结构→汽车行驶系的基础知识→车桥的组成与作用

118.（　　）车轮上承受的滚动阻力、驱动力、制动力及弯矩、扭矩等，通过车桥传给悬架，经悬架传给车架。

【解析】答案：√。

车桥通过悬架（或承载式车身）与车架相连，其两端安装车轮。车架所承受的垂直载荷通过悬架和车桥传到车轮。车轮受到的滚动阻力、驱动力、制动力及其弯矩、扭矩等，通过车桥传递给悬架和车架，即车桥的作用是传递车架与车轮之间各方向的作用力及其所产生的弯矩和扭矩。

【鉴定点分布】汽车底盘的基本结构→汽车行驶系的基础知识→车桥的组成与作用

119.（　　）车桥的作用是传递车架与车轮之间各方向的作用力及其所产生的弯矩和转矩。

【解析】答案：√。

车桥通过悬架（或承载式车身）与车架相连，其两端安装车轮。车架所承受的垂直载荷通过悬架和车桥传到车轮。车轮受到的滚动阻力、驱动力、制动力及其弯矩、扭矩等，通过车桥传递给悬架和车架，即车桥的作用是传递车架与车轮之间各方向的作用力及其所产生的弯矩和扭矩。

【鉴定点分布】汽车底盘的基本结构→汽车行驶系的基础知识→车桥的组成与作用

120.（　　）根据悬架结构，车桥可分为整体式和断开式两种。

【解析】答案：√。

根据悬架的结构不同，车桥分为整体式和断开式两种。整体式车桥是钢质的实心或空心梁，配用非独立式悬架。断开式车桥为活动关节式结构，配用独立式悬架。

【鉴定点分布】汽车底盘的基本结构→汽车行驶系的基础知识→车桥的组成与作用

121.（　　）整体式车桥是钢质的实心或空心梁，配用非独立式悬架。

【解析】 答案：√。

根据悬架的结构不同，车桥分为整体式和断开式两种。整体式车桥是钢质的实心或空心梁，配用非独立式悬架。断开式车桥为活动关节式结构，配用独立式悬架。

【鉴定点分布】 汽车底盘的基本结构→汽车行驶系的基础知识→车桥的组成与作用

122.（　　）断开式车桥为活动关节式结构，配用独立式悬架。

【解析】 答案：√。

根据悬架的结构不同，车桥分为整体式和断开式两种。整体式车桥是钢质的实心或空心梁，配用非独立式悬架。断开式车桥为活动关节式结构，配用独立式悬架。

【鉴定点分布】 汽车底盘的基本结构→汽车行驶系的基础知识→车桥的组成与作用

123.（　　）根据车桥上车轮的作用，车桥可分为转向桥、转向驱动桥、驱动桥和支承桥四种。

【解析】 答案：√。

根据车桥上车轮的作用不同，车桥可分为转向桥、转向驱动桥、驱动桥和支承桥四种。其中转向桥和支承桥属于从动桥。一般情况下，汽车多以前桥为转向桥，后桥为驱动桥；越野汽车和部分轿车的前桥为转向驱动桥；挂车上的车桥均为支承桥。

【鉴定点分布】 汽车底盘的基本结构→汽车行驶系的基础知识→车桥的组成与作用

124.（　　）汽车前桥一般是转向桥，它使装在前桥两端的车轮偏转一定的角度，实现汽车转向。

【解析】 答案：√。

汽车前桥一般是转向桥，它使装在前桥两端的车轮偏转一定的角度，实现汽车转向。特种车辆也有后桥为转向桥，如铲车等。

【鉴定点分布】 汽车底盘的基本结构→汽车行驶系的基础知识→车桥的组成与作用

125.（　　）转向驱动桥由前桥（轴）、转向节、主销、轮毂、转向梯形臂等组成。

【解析】 答案：√。

汽车前桥一般为转向桥。转向驱动桥由前桥（轴）、转向节、主销、轮毂、转向梯形臂等组成，在汽车转向时，使内外侧车轮转过相同角度，减少车轮磨损，转向轻便、准确。

【鉴定点分布】 汽车底盘的基本结构→汽车传动系的基础知识→汽车驱动桥的组成与作用

126.（　　）能同时完成转向和驱动功能的车桥称为转向驱动桥，广泛应用在发动机前置前驱动汽车和越野汽车上。

【解析】答案：√。

发动机前置并且同时是驱动桥的汽车，因驱动桥具有转向功能，称为转向驱动桥。

【鉴定点分布】汽车底盘的基本结构→汽车传动系的基础知识→汽车驱动桥的组成与作用

127.（　）前轮定位包括主销后倾、主销内倾、前轮外倾和前轮前束。

【解析】答案：√。

前轮定位包括主销后倾、主销内倾、前轮外倾和前轮前束。

【鉴定点分布】汽车底盘的基本结构→汽车行驶系的基础知识→汽车行驶系的组成与作用

128.（　）主销后倾的作用是保持汽车直线行驶，在转向力矩消失后，由于回正力矩的存在，使转向车轮自动回正。

【解析】答案：√。

在汽车转向时，由于主销后倾的存在，使转向车轮中心有向上升起的趋势。当转向力矩消失，重力的作用产生回正力矩，使转向车轮自动回正。

【鉴定点分布】汽车底盘的基本结构→汽车行驶系的基础知识→汽车行驶系的组成与作用

129.（　）主销内倾的作用是在转向力矩消失后，使转向车轮自动回正；在直线行驶时，受到突然侧向力（外力）作用时，在外力消失后，转向轮自动回正，保持汽车直线行驶。

【解析】答案：√。

主销内倾的作用是在转向力矩消失后，使转向车轮自动回正；在直线行驶时，受到突然侧向力（外力）作用时，在外力消失后，转向轮自动回正，保持汽车直线行驶，减轻驾驶员的劳动强度，保证行驶安全。

【鉴定点分布】汽车底盘的基本结构→汽车行驶系的基础知识→汽车行驶系的组成与作用

130.（　）汽车尾气排放的有害物主要有CO、CH、NO_x、碳颗粒物等。

【解析】答案：√。

装备点燃式发动机的汽车发动机排放的有害物主要是CO、CH、NO_x等；装备压燃式发动机（柴油机）的汽车发动机排放的有害物主要是CO、CH、NO_x、碳颗粒物等。

【鉴定点分布】发动机的基本构造→发动机的基本组成→发动机基本组成部分的作

用

131.（　　）天然气（Natural Gas，简称 NG）是一种天然资源，产自油气田（伴生气）或气田（气田气）。

【解析】答案：√。

天然气（Natural Gas，简称 NG）是一种天然资源，产自油气田（伴生气）或气田（气田气）。天然气是一次性能源，我国天然气气层储量约为 38 万亿 m^3。

【鉴定点分布】基础知识→压缩天然气→压缩天然气性能

132.（　　）天然气（Natural Gas，简称 NG）的辛烷值（RON）为 130。

【解析】答案：√。

天然气（Natural Gas，简称 NG）是一种天然资源，其辛烷值为 130，使用天然气（Natural Gas，简称 NG）燃料的发动机可采用较高的压缩比。

【鉴定点分布】基础知识→压缩天然气→压缩天然气性能

133.（　　）电容或电容量是指物体在电场中所能储存的电荷量，或是指电容器储存的电荷量所能产生的电势差。

【解析】答案：√。

电容或电容量是指物体在电场中所能储存的电荷量，或是指电容器储存的电荷量所能产生的电势差。电容器是两块导体（阴极“负极”和阳极“正极”）之间夹着一块绝缘体（介质）构成的电子元件。是表征电容器储存（容纳）电荷能力的物理量。把电容器两块极板间的电势差为 1 V 所需要的电量，叫作电容器的电容。

【鉴定点分布】基础知识→电工学基础知识→电工学的基本概念（电压、电流、电阻、电容等）

134.（　　）电容在电路中一般用“*C*”表示，在国际单位制中，电容的单位是法拉，符号是“F”。

【解析】答案：√。

电容或电容量是指物体在电场中所能储存的电荷量，或是指电容器储存的电荷量所能产生的电势差。电容器是两块导体（阴极“负极”和阳极“正极”）之间夹着一块绝缘体（介质）构成的电子元件。是表征电容器储存（容纳）电荷能力的物理量。把电容器两块极板间的电势差为 1 V 所需要的电量，叫作电容器的电容。1 F＝10^3 mF，1 mF＝10^3 μF，1 μF＝10^3 nF，1 nF＝10^3 pF。

【鉴定点分布】基础知识→电工学基础知识→电工学的基本概念（电压、电流、电阻、电容等）

135.（　　）CNG 单一燃料发动机的燃气系统，应用了过流保护、多参数检测监控、分级过滤等技术，使充气过程与工作过程各环节的安全性、可靠性、操控性和节能、环保性能得到保证。

【解析】 答案：√。

CNG 单一燃料发动机的燃气系统，应用了过流保护、多参数检测监控、分级过滤等技术，使充气过程与工作过程各环节的安全性、可靠性、操控性和节能、环保性能得到保证。CNG 燃气系统的主要装置有储气瓶、减压调节器、混合器、滤清器、过流保护（紧急切断）阀、操控面板、高压电磁阀、高压管线等。

【鉴定点分布】 发动机的基本构造→点燃式压缩天然气（CNG）气体燃料发动机燃料供给系统→点燃式压缩天然气（CNG）气体燃料发动机燃料供给系统的作用

136.（　）车用压缩天然气储气瓶属于压力容器，必须按国家标准进行定期检验，检验合格后方可继续使用。

【解析】 答案：√。

车用压缩天然气储气瓶属于压力容器，必须按 GB/T 9251—2011《气瓶水压试验方法》，GB/T 12137—2002《气瓶气密性试验方法》，GB 17258—2011《汽车用压缩天然气钢瓶》，DB37/1198—2009《车用压缩天然气钢质内胆纤维环向缠绕气瓶定期检验与评定》等标准进行定期检验，检验合格后方可继续使用。

【鉴定点分布】 基础知识→压缩天然气→压缩天然气使用

137.（　）液化石油气（Liquefied Petroluem Gas，简称 LPG）是石油加工过程中的副产品，液化石油气（LPG）有油田气和石油炼厂两个来源。油田气是在伴生气处理过程中的轻烃产品，不含烯烃，适合做车用燃料。

【解析】 答案：√。

液化石油气（Liquefied Petroluem Gas，简称 LPG）是石油加工过程中的副产品，液化石油气（LPG）有油田气和石油炼厂两个来源。油田气是在伴生气处理过程中的轻烃产品，不含烯烃，适合做车用燃料；石油炼厂的液化石油气（LPG）是在石油催化裂化和延迟焦化炼油过程中产生的，含烯烃较多。因为烯烃类（特别是丁二烯）是不饱和烃，燃烧时易结焦，形成积炭比较多，沉积在发动机气门、活塞、活塞环、火花塞等零件表面，严重影响发动机的性能和使用寿命，不适宜做车用燃料。

【鉴定点分布】 基础知识→液化石油气→液化石油气性能

138.（　）车用液化石油气储气瓶属于压力容器，必须按国家标准进行定期检验，检验合格后方可继续使用。

【解析】 答案：√。

液化石油气（Liquefied Petroluem Gas，简称 LPG）储气瓶属于压力容器，必须按 GB/T 9251—2011《气瓶水压试验方法》，GB/T 12137—2002《气瓶气密性试验方法》，GB 20561—2006《机动车用液化石油气钢瓶定期检验与评定》等进行定期检验，检验合格后，才能继续使用。

【鉴定点分布】基础知识→液化石油气→液化石油气使用

139.（　　）液化石油气（LPG）气相密度比空气低，所以一旦泄漏会迅速蒸发为气态并在地表（或低于地表的低洼处）聚集，形成安全隐患。

【解析】答案：×。

液化石油气（LPG）气相密度比空气大，所以一旦泄漏会迅速蒸发为气态并在地表（或低洼处）聚集，形成安全隐患，因此，防止液化石油气（LPG）燃气系统泄漏是保证安全使用液化石油气（LPG）的关键。

【鉴定点分布】基础知识→液化石油气→液化石油气性能

第三部分

理论知识考试考前冲刺

初级汽车驾驶员理论知识考试模拟试卷（一）

初级汽车驾驶员理论知识考试模拟试卷（二）

初级汽车驾驶员理论知识考试模拟试卷（三）

初级汽车驾驶员理论知识考试模拟试卷参考答案（一）

初级汽车驾驶员理论知识考试模拟试卷参考答案（二）

初级汽车驾驶员理论知识考试模拟试卷参考答案（三）

初级汽车驾驶员理论知识考试模拟试卷（一）

注 意 事 项

1. 本试卷依据 2002 年颁布的《汽车驾驶员》国家职业技能标准命制。考试时间：90 min。
2. 请在试卷标封处填写姓名、准考证号和所在单位的名称。
3. 请仔细阅读答题要求，在规定位置填写答案。

得分记录表

	一、选择题	二、判断题	总分
得分			

得分	
评分人	

一、单项选择题（第 1 题～第 80 题。选择一个正确答案，将相应字母填入题内的括号中。每题 1 分，满分 80 分。）

1. 道德在调整人们行为时的评价标准是（　　）。

A. 善恶　　B. 四项基本原则

C. 宪法和各种法律手段　　D. 人民民主专政

2. （　　）是社会主义职业道德的特有规范。

A. 爱岗敬业　　B. 诚实守信　　C. 办事公道　　D. 奉献社会

3. 保证行车安全，牢固树立“（　　）”的观念，是每一个驾驶员的“天职”。

A. 多快好省　　B. 多拉快跑　　C. 安全第一　　D. 热爱本职工作

4. 汽车驾驶员职业道德培养的方法是（　　）。

A. 重视学习、勤于实践、自省和自律、培养良好的心理素质

B. 遵纪守法、安全行驶

C. 热爱本职、钻研技术

D. 文明驾驶、乐于助人

5. 使用百分表测量时将百分表测头（　　）抵住工件被测量面，使工件按一定要求移动或转动。

A. 随意　　B. 垂直

C. 倾斜 60°角　　D. 施加 100 N 的压力

6. 国际单位制的基本量中长度的基本单位是（　　）。

A. kg　　B. dm　　C. mg　　D. m

7. 汽车发动机用润滑油黏度等级的选择主要考虑环境（　　）。

A. 温度　　B. 腐蚀性　　C. 抗氧化性　　D. 氧化安定性

8. 发动机活塞位于下止点时，活塞顶上方整个空间的容积称为（　　）。

A. 气缸总容积　　B. 燃烧室容积

C. 气缸工作容积　　D. 气缸容积

9. 发动机的活塞从油环槽下端面至活塞底面的部分称（　　），起到为活塞运动导向和承受侧压力的作用。

A. 活塞顶部　　B. 活塞裙部　　C. 活塞头部　　D. 活塞销座

10. 柴油机的燃料供给系统中高压油路供给装置包括（　　）。

A. 油箱、输油泵、柴油滤清器、低压油管等

B. 输油泵、柴油滤清器、化油器

C. 喷油器、喷油泵、高压油管等

D. 柴油表、输油泵、输油管等

11. 发动机上润滑油的存储装置是（　　）。

A. 集滤器　　B. 油道

C. 机油泵　　D. 下曲轴箱（油底壳）

12. 汽车前轮定位中的前轮外倾角的作用是（　　）。

A. 使转向车轮自动回正

B. 提高前轮行驶的安全性

C. 保持汽车直线行驶的稳定性，并促使转弯后的前轮自动回正

D. 减少或消除汽车前进中因车轮外倾和纵向阻力时车轮前端向外滚动所造成的滑移

13. 电压的单位是伏特，用（　　）表示。

A. A　　B. W　　C. Ω　　D. V

14. 在部分电路的一段电路中，通过电路的电流与这段电路两端的电压（　　）。

A. 成反比　　B. 无关　　C. 成正比　　D. 相等

15. 电流通过负载时，将电场能转换成其他形式的能叫（ ）。

A. 电功 B. 电流 C. 电压 D. 电阻

16. 晶体二极管按结构可以分成（ ）两类。

A. 点接触和面接触 B. 点接触和线接触

C. 面接触和线接触 D. 单点接触和多点接触

17. 汽车上与交流发电机配套使用的调节器主要有电磁振动式调节器和（ ）。

A. 双触点式调节器 B. 单触点式调节器

C. 电子调节器 D. 晶体管式调节器

18. 汽车用起动机按控制装置分为直接操纵式起动机和（ ）。

A. 惯性啮合式起动机 B. 电磁操纵式起动机

C. 移动电枢式起动机 D. 强制啮合式起动机

19. 汽车加速踏板是用以控制汽油机的（ ）。

A. 油耗的 B. 节气门的开度

C. 额定载荷的 D. 柴油喷油泵柱塞的有效行程

20. 向左转动转向盘时的转法是（ ）为主用力开始转动，（ ）辅助转动。

A. 右手 左手 B. 左手 右手

C. 左手右手都可以 D. 始终用单手转动

21. 汽车仪表盘上的符号的含义是（ ）。

A. 燃油量指示灯 B. 机油压力报警灯

C. 安全指示灯 D. 油箱盖开启键

22. 制动液是（ ）制动系中传递压力的工作介质。

A. 液压 B. 气压 C. 驻车 D. 手制动

23. 汽车发动机在运行过程中，如果报警灯亮时说明发动机。

A. 机油压力过大 B. 机油压力正常

C. 机油压力过低 D. 机油量过多

24. 汽车在起动发动机前检查风扇皮带的松紧度是用拇指以 20 N（2 kg）的压力按下皮带，其挠度一般为（ ）cm。

A. 10～15 B. 1～1.5 C. 1～5 D. 2～5

25. 发动机起动后应及时（ ），否则会造成发动机损坏。

A. 关闭百叶窗 B. 关闭开关钥匙

C. 松开开关钥匙 D. 踩离合器

26. 夜间行车时用于从后方显示汽车宽度的灯称为（ ）。

A. 前照灯 B. 前小灯 C. 后位灯 D. 转向灯

27. 汽车上的电流表是用以指示（　　）充电或放电的电流值。

A. 发电机　　B. 分电器　　C. 蓄电池　　D. 调节器

28. 发动机怠速转速可以通过调整风门大小等来调整其高低。一般来讲，怠速转速以发动机不抖动时的（　　）为最佳。

A. 最低转速　　B. 最高转速　　C. 平均转速　　D. 行驶转速

29. 汽车行驶时一般与前方车辆的安全距离应该大于或等于车速的（　　）。

A. 百分之一　　B. 千分之一　　C. 十分之一　　D. 万分之一

30. 下列对机动车过渡口时所要注意的事项描述有错误的是（　　）。

A. 过渡口时随车人员和乘客不许下车

B. 汽车上下渡船时应用一挡或二挡

C. 在跳板上要缓慢行驶

D. 不准在船上进行紧急制动

31. 机动车在通过铁路道口时，不得（　　），同时还应注意路面的道岔、道钉等硬物，以防损坏轮胎。

A. 变速、制动　　B. 变速、停车、鸣笛

C. 变速、鸣笛　　D. 变速、制动、停车

32. 驾驶员驾驶机动车在人行横道上行驶时不允许的操作是（　　）。

A. 掉头　　B. 减速　　C. 加速　　D. 滑行

33. 机动车在高速行驶时遇后车跟得很近时应（　　）。

A. 加速甩掉　　B. 迅速停车

C. 变速鸣笛　　D. 开右转向灯让后车先行

34. 驾驶员的因素对行车安全的影响很大，驾驶员的因素主要指驾驶员的（　　），包括驾驶员的身体素质和技术素质等。

A. 素质水平　　B. 文化程度　　C. 驾驶技术　　D. 健康状况

35. 确保安全行驶，驾驶员要具有良好的身体素质，其中不包括（　　）。

A. 较好的体力　　B. 极高的智力　　C. 很好的视力　　D. 较好的耐力

36. 一名优秀的驾驶员除了必须具有强烈的责任感、良好的心理、生理素质和思想修养外，还要有高超的（　　）。

A. 车感　　B. 判断力　　C. 应变能力　　D. 技术水平

37. 机动车在冰雪路面上行驶时，应与前车保持约（　　）m 以上的安全距离。

A. 30　　B. 50　　C. 70　　D. 90

38. 驾驶机动车遇到畜力车时，应采用（　　）的处理方法。

A. 鸣笛示意、谨慎超越　　B. 尽量少鸣笛、谨慎超越

C. 鸣笛示意、不许超越　　D. 尽量少鸣笛、不许超越

39. 由于摩托车具有体积小、加速性能好、速度快、稳定性差等特点，行车过程中遇见摩托车时要（　　），以防摩托车突然制动或摔倒。

A. 跟随行驶　　B. 保持足够的间距

C. 立即停驶　　D. 鸣笛驱赶

40. 下列属于人力车特点的是（　　）。

A. 灵活性差、控制能力强　　B. 灵活性好、控制能力强

C. 灵活性差、控制能力差　　D. 灵活性好、控制能力差

41. 汽车与拖拉机交会、超车时，两者之间的横向间距应适当（　　），以免发生剐蹭。

A. 加大　　B. 减小　　C. 不变　　D. 与横向间距无关

42. 机动车在弯道上行驶，根据需要合理地确定转弯路线、速度及转向时机，做到“（　　）”。

A. 减速、靠右行　　B. 鸣笛、靠右行

C. 增速、鸣笛、靠右行　　D. 减速、鸣笛、靠右行

43. 当汽车车速提高到适合于换入高一级挡位时，所进行操作的第一步骤是：立即抬起加速踏板，同时迅速踩下离合器踏板，将变速杆置入（　　）。

A. 高一级挡位　　B. 空挡　　C. 低一级挡位　　D. 不变

44. 机动车转弯时，要降低车速，给自己和其他人（　　）。

A. 留出更多时间　　B. 保持车速

C. 增加车速　　D. 与车速无关

45. 车辆准备一次顺行掉头时，汽车在行驶到离所选掉头地点约（　　）m 以外应发出信号，即打开左转向灯。

A. 30　　B. 50　　C. 70　　D. 90

46. 转向盘的正确握法：两手分别握稳转向盘的左右两侧，一般右手握在时钟（　　）之间的位置。

A. 二、三时　　B. 三、四时　　C. 四、五时　　D. 五、六时

47. 机动车通过直角弯道时，首先要降低车速，判断道路宽窄，如果是向左转弯，应先靠路的（　　）侧行驶。

A. 右　　B. 左　　C. 中央　　D. 中线左

48. 为避免汽车失去控制，严禁在山路弯道地段换挡和下坡时（　　）。

A. 鸣笛　　B. 空挡滑行　　C. 减低车速　　D. 靠右行车

49. 汽车在转弯行驶时由于存在着内外轮差，因此在转弯时要注意（　　）的行驶轨迹，确保顺利转弯。

A. 外侧的前轮　　B. 外侧的后轮　　C. 内侧的后轮　　D. 内侧的前轮

50. 下列对机动车窄路直线行驶的描述错误的是（　　）。

A. 窄路直线驾驶关键是注意观察前方的动态

B. 注意观察前方路段是否有对向车辆，提前做好判断

C. 前方路段有对向来车时要注意礼让

D. 前方路段有对向来车时要迅速交会

51. 关于机动车在狭窄路上会车时的叙述正确的是（　　）。

A. 两交会车辆同时快速通过，无须礼让

B. 先到达宽阔处的机动车先行

C. 先到达宽阔处的机动车让对方先行

D. 只要感觉可以通过无须互相让车

52. 机动车下坡行驶时，（　　）以防止下坡时停车不及时发生事故。

A. 应加快行驶速度　　B. 加快通过时间

C. 应加大与前车的距离　　D. 应减小与前车的距离

53. 汽油喷射发动机的汽油喷射装置按控制方式分为（　　）。

A. 连续喷射方式和间歇喷射方式

B. 单点喷射方式和多点喷射方式

C. 直接测量式和间接测量式

D. 开环控制方式和闭环控制方式

54. 我国现行的汽车维护制度的总原则是（　　）。

A. 维护为主，不定期检测　　B. 预防为主，定期检测

C. 定期检测，自愿维护　　D. 不定期检测，强制维护

55. “清洗汽车和各总成外表的泥污和油垢”是汽车维护作业内容里的（　　）。

A. 检查作业　　B. 紧固作业　　C. 补给作业　　D. 清洁作业

56. “检查发动机运转情况，检查和补充燃油和冷却液”是汽车日常维护三个阶段中的（　　）。

A. 出车前的日常维护　　B. 行驶中的日常维护

C. 收车后的日常维护　　D. 平时日常维护

57. 电喷发动机的维护项目中，分电器盖与高压线检查的合格要求为（　　）。

A. 分电器盖无裂纹，高压线连接可靠，无破损

B. 虽然分电器盖有裂纹，但高压线连接可靠

C. 高压线连接牢固，但分电器盖有裂纹

D. 分电器盖有裂纹，高压线连接松动

58. 下列对电喷发动机的维护方法描述有误的是（　　）。

A. 检查微电脑插头是否牢固可靠地插在插座内

B. 检查点火线圈接点，确认连线牢固、可靠

C. 交流发电机接头不作为维护项目

D. 检查燃油管路接头，确认牢固、可靠、无泄漏现象

59. 自动变速器（处于冷态）液压油再加注时加注量应为（ ）。

A. 油尺刻线的下限以上附近　　B. 原容量

C. 根据油温可高可低　　D. 高于原容量

60. 能造成 ATF 油内有泡沫并变质的原因有（ ）。

A. ATF 油加注过量　　B. 添加剂加注过量

C. ATF 油中混入冷却液　　D. ATF 油过热变质

61. 未加防冻液的汽车，车辆停驶后，应及时放掉发动机冷却系内的冷却水，以防冻结。放水开关有（ ）。

A. 一个　　B. 两个　　C. 三个　　D. 四个

62. 发动机工作时，化油器出现“回火”现象，原因可能是（ ）。

A. 可燃混合气过浓　　B. 可燃混合气过稀

C. 化油器浮子室内油面过高　　D. 化油器主量孔开度过大

63. 可燃混合气过稀，会造成（ ）。

A. 发动机无负荷工作时反应灵敏　　B. 发动机过热

C. 火花塞电极积炭过多　　D. 发动机容易起动

64. 发动机供油系统正常工作，但发动机油耗急剧增加，其可能原因为（ ）。

A. 进气系统泄漏　　B. 进气系统堵塞

C. 尾气排放超标　　D. 进气管通畅

65. 长时间发动机过热不会产生（ ）现象。

A. 机件损坏　　B. 排放超标　　C. 油耗下降　　D. 功率下降

66. 发动机过热，其原因不可能为（ ）。

A. 冷却系泄漏　　B. 散热器散热性能良好

C. 百叶窗开度不够　　D. 风扇不转动

67. 活塞与气缸配合间隙大，会产生（ ）。

A. 尖脆嗒嗒声　　B. 清脆嗒嗒声

C. 清脆金属当当声　　D. 沉闷金属敲击声

68. 曲轴轴承间隙大，单缸断油，声音（ ），相邻两缸同时短火声音（ ）。

A. 有明显改变 不变　　B. 无明显改变 明显减少

C. 不变 不变　　D. 不变 减少

69. 发动机爆燃燃烧，发动机温度越高，声音（ ）。

A. 更严重　　B. 不变　　C. 减少　　D. 以上均不对

70. 汽车在行驶中突然熄火。打开点火开关，电流表指示 3～5 A 不回零，则故障发生在（　　）。

A. 断电器触点间隙过大　　B. 断电器间隙过小

C. 火花塞间隙过大　　D. 以上都不对

71. 若电流表指示在 3～5 A 到零之间摆动，则故障在（　　）。

A. 火花塞　　B. 分电器　　C. 电容器　　D. 油路

72. 使用正时灯检查发动机点火系故障时，应该（　　）。

A. 一端接用电设备接线柱，另一端接车体

B. 一端接启动开关，另一端接点火线圈“＋”接线柱

C. 一端接蓄电池，一端接车体

D. 以上都不对

73. 测量电容器引出线接头与分电器活动触点臂安装柱间电阻，电阻无穷大，则故障为（　　）。

A. 活动触点臂安装柱短路　　B. 电容器击穿

C. 活动触点臂安装柱断路　　D. 电容器断路

74. 汽车起动时，点火开关至分电器之间导线脱落会（　　）。

A. 不能起动　　B. 熄火　　C. 动力下降　　D. 以上均不对

75. 无分电器电火系在工作中，在（　　）断开瞬间，火花塞上放电产生电火花。

A. 二次线圈　　B. 点火线圈　　C. 一次线圈　　D. 以上均不对

76. 转向盘方向打摆，可能原因为（　　）。

A. 转向器啮合间隙过小　　B. 前轮气压过低

C. 转向器啮合间隙过大　　D. 两侧轮距不等

77. 前轮异常磨损，可能的原因为（　　）。

A. 前轮钢板弹簧不对称　　B. 前桥悬架弹簧左右刚度不够

C. 前桥变形　　D. 一侧前轮胎压过低

78. 离合器操纵系统管路中有空气，会导致（　　）。

A. 离合器打滑　　B. 离合器分离不彻底

C. 离合器抖动　　D. 离合器异响

79. 气压制动系统产生制动失效的可能原因为（　　）。

A. 空气压缩机传动带打滑　　B. 前轮前束不对称

C. 快放阀排气慢　　D. ABS 系统失效

80. 汽车底盘中，变速器掉挡的可能原因为（　　）。

A. 同步器工作良好　　B. 离合器分离不彻底

C. 自锁装置失效　　D. 变速器齿轮轮齿折断

得分	
评分人	

二、判断题（第 81 题～第 100 题。将判断结果填入括号中，正确的填“√”，错误的填“×”。每题一分，满分 20 分。）

81.（　）驾驶员应保持车容整洁、车况良好、服务设施要齐全有效。

82.（　）选用轻柴油时，使用地区气温低，要选用凝点较低的轻柴油；反之，应选用凝点较高的轻柴油。

83.（　）在选用汽车轮胎时，所选轮胎的速度等级必须与车辆最高行驶速度相适应。

84.（　）汽车驱动力的大小主要取决于发动机输出功率的大小。

85.（　）汽车底盘是汽车构成的基础，由传动系、照明系、燃料供给系和制动系四大部分组成。

86.（　）汽车最佳的制动状态是车轮完全被抱死而发生滑移时。

87.（　）三极管的放大作用是三极管的最基本和最重要的特性。

88.（　）汽车通过有交通信号灯的人行横道时，路灯放行机动车通过时，也要观察路人，随时做好制动准备，防止因行人违章通过而发生交通事故。

89.（　）不同驾驶员在驾驶操作过程中会有不同特点，但是驾驶性格与行车安全无关。

90.（　）机动车平稳起步的关键在于离合器踏板和加速踏板及手制动杆的协调配合。

91.（　）机动车直线行驶时，驾驶员应尽量目视远处。

92.（　）机动车行驶中需要停车时，对制动踏板的正确操作是一开始轻踩，逐渐加强。

93.（　）汽车日常维护分上午维护、中午维护和下午维护三个阶段。

94.（　）汽车日常维护的作业内容有对汽车机油、冷却液、制动液、轮胎气压进行检查补给。

95.（　）喷油器工作不正常，将直接影响整个发动机的工作状态。

96.（　）冷却泵泵液能力下降，会导致发动机过热。

97.（　）高压电路短路不是点火系故障。

98.（　）火花塞故障不会引起发动机点火系故障。

99.（　）判断点火式发动机低压电路故障采用试灯法检测点火系故障时，未打开点火开关，试灯亮处，故障为短路。

100.（　）测量电流表进线端与车体间电阻值，电阻值不为零，则电流表断路。

初级汽车驾驶员理论知识考试模拟试卷（二）

注意事项

1. 本试卷依据2002年颁布的《汽车驾驶员》国家职业技能标准命制。考试时间：90 min。

2. 请在试卷标封处填写姓名、准考证号和所在单位的名称。

3. 请仔细阅读答题要求，在规定位置填写答案。

得分记录表

	一、选择题	二、判断题	总分
得分			

得分	
评分人	

一、单项选择题（第1题～第80题。选择一个正确答案，将相应字母填入题内的括号中。每题1分，满分80分。）

1.（　　）是各行业从业人员努力的目标。

A. 爱岗敬业　　B. 诚实守信　　C. 办事公道　　D. 奉献社会

2. 保证行车安全，牢固树立“（　　）”，是每一个驾驶员的“天职”。

A. 多快好省　　B. 多拉快跑　　C. 安全第一　　D. 热爱本职工作

3. 以下属于热爱本职、钻研技术的是（　　）。

A. 干一行、爱一行、专一行、成一行

B. 适时更换新的工作

C. 会开车即可

D. 当一天和尚撞一天钟

4. 在复杂道路上，驾驶员不盲目开快车，做到路况不明不开快车，情绪不稳定不开快车，不因时间晚赶路开快车，不因私事急急忙忙开快车。这是要求驾驶员正确处理（　　）的关系。

A. 快与慢　B. 得与失　C. 有理与无理　D. 好与坏

5.（　　）用来测量工件或材料的长度、宽度和厚度。

A. 塞尺　B. 百分表　C. 千分尺　D. 钢直尺

6. 国际单位制基本量中长度的基本单位是（　　）。

A. kg　B. dm　C. mg　D. m

7. 根据当地季节气温选用齿轮油牌号时，长江流域及其他冬季气温不低于－10℃的地区，可全年使用（　　）号油。但天气特别热或负荷特别重的车辆，可使用（　　）号油。

A. 90　140　B. 70W　90　C. 85W　90　D. 75W　85W

8. 汽车的总体构造基本上是由发动机、底盘、车身、（　　）四个部分组成。

A. 照明系　B. 电气设备　C. 行驶系　D. 转向系

9. 柴油发动机通常由（　　）大机构和四大系统组成。

A. 两　B. 三　C. 四　D. 五

10. 发动机的活塞从油环槽下端面至活塞底面的部分称（　　），起到为活塞运动导向和承受侧压力的作用。

A. 活塞顶部　B. 活塞裙部　C. 活塞头部　D. 活塞销座

11. 发动机的曲轴正时齿轮与凸轮轴正时齿轮的传动比是（　　）。

A. 1∶1　B. 1∶2　C. 2∶1　D. 1.5∶1

12. 化油器式汽油机汽油供给装置包括（　　）。

A. 汽油滤清器、汽油表、汽油泵、输油管和化油器等

B. 汽油箱、汽油滤清器、空气滤清器

C. 汽油箱、汽油滤清器、汽油表、汽油泵和输油管等

D. 汽油表、汽油泵、输油管、空气滤清器和化油器等

13. 发动机上润滑油的存储装置是（　　）。

A. 集滤器　B. 油道

C. 机油泵　D. 下曲轴箱（油底壳）

14. 汽车行车制动器装置根据制动力的介质分为（　　）和气压式两种。

A. 制动器式　B. 单回路式　C. 双回路式　D. 液力式

15. 电流所做的功，与加在负载两端的电压成正比，与通过负载的电流（　　）。

A. 成反比　B. 相等　C. 无关　D. 成正比

16. 在电路中，两个或两个以上用电器的首尾接在相同两点之间所构成的电路称为（　　）。

A. 串联电路　　B. 并联电路　　C. 复杂电路　　D. 内电路

17. 按制作三极管的基片材料，三极管可分为（　　）两大类。

A. 硅管和锗管　B. 硅管和铝管　C. 锗管和铝管　D. 铝管和锌管

18. 汽车发动机起动时，向起动机提供强大的启动电流，那么强大的电流是由（　　）提供的。

A. 发电机　　B. 蓄电池　　C. 钥匙门　　D. 起动机

19. 交流发电机的正二极管的引线为二极管的（　　），外壳为负极。管壳底上一般有（　　）标记。

A. 正极　黑色　B. 负极　红色　C. 正极　红色　D. 负极　黑色

20. 汽车上交流发电机配套使用的调节器主要有电磁振动式调节器和（　　）。

A. 双触点式调节器　　B. 单触点式调节器

C. 电子调节器　　D. 晶体管式调节器

21. 汽车用起动机按控制装置分为直接操纵式和（　　）。

A. 惯性啮合式起动机　　B. 电磁操纵式起动机

C. 移动电枢式起动机　　D. 强制啮合式起动机

22. 汽车在起动时，自动变速器操纵杆应置于（　　）。

A. P 挡　　B. R 挡　　C. N 挡　　D. D 挡

23. 汽车发动机在起动前发现冷却液液量减少时，应（　　）。

A. 加注相应的冷却液　　B. 只可以加注水

C. 只可以加入防冻液　　D. 暂时可以不考虑

24. 在化油器式汽油发动机的化油器上，装有阻风门。常用于冷起动发动机、（　　）以及混合气过稀动力不足时。

A. 发动机正常运转　　B. 升温运转

C. 停熄发动机　　D. 汽车下坡时

25. 发动机转速表用于调整发动机怠速时检视转速，检视发动机维持最高效率时的（　　）。

A. 每分钟转速　B. 动力　　C. 行驶里程　　D. 油耗量

26. 汽车发动机的起动顺序是：确认驻车制动有效制动，变速器置入空挡和将钥匙转到“（　　）”位置，停几秒钟后松开。

A. ON　　B. START　　C. ACC　　D. LOCK

27. 统计数字显示：发动机部件的磨损，有超过 90%的比例是在冷车发动后三分钟内造成的，因此，应正确地进行（　　）。

A. 起动　　B. 着车　　C. 热车　　D. 怠速

28. 汽车行驶时，如车速为 60 km/h，与前方车辆的安全距离最小应为（　　）m。

A. 20　　B. 30　　C. 40　　D. 60

29. 汽车夜间在道路上发生故障时，妨碍交通又难以移动的，应当按照规定开启危险报警闪光灯并在车后 50～100 m 处设置警告标志，同时开启（　）。

A. 前照灯　　B. 室内灯

C. 示廓灯和后位灯　　D. 远光灯

30. 机动车倒车的正确操作是（　）。

A. 任意路段均可倒车

B. 机动车倒车时具有优先权

C. 需察明车后情况，确认安全后，方可倒车

D. 在桥梁上倒车时要特别注意

31. 不同的驾驶员因受其自身的性格特征影响形成不同的（　）。

A. 驾驶特点和风格　　B. 驾驶应变能力

C. 驾驶熟练程度　　D. 驾驶能力和耐力

32. 驾驶员的技术水平对行车安全有直接影响，驾驶员的技术水平不包括（　）。

A. 驾驶的基本功操作　　B. 耐疲劳能力强

C. 良好的听力　　D. 准确的判断力

33. 驾驶员在行车中主要是靠视觉和听觉得到信息，视觉收集的信息高达（　）。

A. 80%　　B. 85%　　C. 90%　　D. 95%

34. 驾驶员接收外来信息到做出反应的时间称为反应时间，反应时间受（　）因素影响。

A. 驾驶员身体状况　　B. 车辆的蓄电池电量情况

C. 车辆的油耗情况　　D. 车辆的座椅舒适性能

35. 车辆的安全技术性能好坏是安全行车的主要因素之一，对车辆的检查应包括（　）。

A. 出车前检查，出车后检查

B. 购车时检查，出车前检查

C. 购车时检查，出车前检查，收车后检查

D. 出车前检查，行车途中检查，出车后检查

36. 驾驶机动车遇见儿童时，应采用何种处理方法（　）。

A. 加快车速，迅速通过

B. 提前减速，必要时停车避让，切不能用鸣笛进行驱赶

C. 本着人道主义精神，设法低速缓慢而行，不可恐吓或驱赶

D. 停车，不可行驶

37. 下列属于人力车特点的是（　　）。

A. 灵活力差、控制能力强　　B. 灵活性好、控制能力强

C. 灵活性差、控制能力差　　D. 灵活性好、控制能力差

38. 驾车遇见穿雨衣的行人时，可以（　　）。

A. 加速行驶　　B. 右转　　C. 左转　　D. 鸣喇叭

39. 机动车要超车时，前方车不让出超车空间，应该（　　）。

A. 继续超车

B. 紧跟其后，不断鸣喇叭

C. 停止超车，减速慢行或变更车道

D. 不断地鸣喇叭，继续超车

40. 为确保机动车平稳起步，正确的操作步骤是，首先（　　）将变速杆挂入一挡或二挡。

A. 放松驻车制动器手柄　　B. 适量踏下加速踏板

C. 踩下离合器踏板　　D. 放松离合器踏板

41. 当汽车车速提高到适合于换入高一级挡位时，所进行操作的第一步骤是，立即抬起加速踏板，同时迅速踩下离合器踏板，将变速杆置入（　　）。

A. 高一级挡位　　B. 空挡　　C. 低一级挡位　　D. 不变

42. 机动车停好后，离开汽车的操作中，对于离合器踏板和制动踏板的操作正确的是（　　）。

A. 无先后顺序

B. 应同时抬起两踏板

C. 制动踏板先抬起，离合器踏板后抬起

D. 离合器踏板先抬起，制动踏板后抬起

43. 机动车转弯行驶时，车型越大，前后轮轨迹差就（　　），所以转直角弯时，一定要注意弯道内侧的后轮。

A. 越少　　B. 越大　　C. 不变　　D. 逐渐变少

44. 机动车要连续转弯时要控制车速，尽可能避免紧急制动，以防止引起车辆（　　）。

A. 侧滑和甩尾　　B. 发动机熄火　　C. 制动失灵　　D. 加速失灵

45. 下列（　　）不属于禁止超车的情况。

A. 前车欲超车时　　B. 前车速度太慢时

C. 前车因左转弯而变更车道时　　D. 前车因掉头而变更车道时

46. 当汽车在道路上运行需要改变行驶方向、掉头行驶时，下列（　　）地点允

许机动车掉头行驶。

A. 广场 B. 铁路岔口 C. 隧道 D. 桥梁

47. 发现车辆行驶中有行驶偏差时，需要对行车位置进行修正，下列叙述正确的是（ ）。

A. 看近处容易感觉到偏差

B. 看远处容易感觉到偏差

C. 可以通过转向盘的位置发现车辆偏差

D. 可以通过后视镜发现车辆偏差

48. 转向盘的正确握法是两手分别握稳转向盘两侧，一般左手握在时钟（ ）之间的位置。

A. 七、八时 B. 八、九时 C. 九、十时 D. 十、十一时

49. 汽车行驶时由于存在着内外轮差，因此在转弯时要注意（ ）的行驶轨迹，确保顺利转弯。

A. 外侧的前轮 B. 外侧的后轮 C. 内侧的后轮 D. 内侧的前轮

50. 机动车上坡时，需要比平路更大的动力，所以一般上坡之前需要（ ）。

A. 升高挡位 B. 降低挡位

C. 先升高再降低挡位 D. 先降低再升高挡位

51. 机动车坡道起步的操作顺序是（ ）：①确认周围安全；②挂入一挡；③稍用力踩加速踏板，离合器在半联动状态停顿；④继续踩加速踏板，慢慢将离合器踏板回位；⑤在离合器半联动状态，慢慢松驻车制动器操纵杆。

A. ②①③④⑤ B. ②③①⑤④ C. ①②④③⑤ D. ①②⑤③④

52. 机动车夜间及雨、雾、雪天临时停车，要打开（ ）。

A. 示廓灯和前照灯 B. 内饰灯和示廓灯

C. 内饰灯和后位灯 D. 示廓灯和后位灯

53. 机动车行驶在一些较小的凹凸不平道路时，可降低车速，踏下离合器踏板（ ），这样可以减轻车辆与障碍物的冲击力。

A. 滑行通过 B. 加速通过

C. 加挡快速通过 D. 减挡缓慢通过

54. 下列叙述错误的是（ ）。

A. 重车驾驶加挡时，各挡间的加速时间与距离比空车时缩短

B. 重车驾驶时，起步必须用一挡

C. 重车驾驶时汽车重心比空车时高

D. 重车驾驶时不可急踏加速踏板提速

55. 汽车离合器踏板自由行程规定值为 15～20 mm，若不符合可通过拧动（ ）

来改变分离拉杆的长度。

A. 分离杠杆上的调整螺母　　B. 回位弹簧

C. 压紧弹簧　　D. 调节叉

56. 我国现行的汽车维护制度的总原则是（　　）。

A. 定期检测，自愿维护　　B. 定期检测，强制维护

C. 不定期检测，自愿维护　　D. 不定期检测，强制维护

57. 汽车日常维护的三个阶段是（　　）。

A. 汽车外表清洁、汽车安全检视和汽车故障修理

B. 上午维护、中午维护和下午维护

C. 出车后维护、行车后维护和收车后维护

D. 出车前维护、行车中的维护和收车后的维护

58. 下列不属于汽车日常维护所要达到的目标是（　　）。

A. 车容整洁　　B. 螺钉、螺母不缺不松

C. 油、气、电、水不渗不漏　　D. 轮胎气压接近正常值

59. "检查轮胎、传动轴、钢板弹簧等外露部件的螺栓、螺母是否齐全有效"是汽车日常维护三个阶段中的（　　）。

A. 出车前日常维护　　B. 行车中的日常维护

C. 收车后的日常维护　　D. 平时日常维护

60. 更换自动变速器液压油时，须彻底排出旧油是因为（　　）。

A. 新、旧油的生产日期不一样　　B. 新、旧油的型号不一样

C. 新、旧油黏度不一样　　D. 旧油会污染新油影响自动变速器性能

61. 若发动机点火系工作正常，下列（　　）现象可导致发动机不能起动。

A. 油箱内没油　　B. 真空点火提前装置泄漏

C. 化油器调整不正确　　D. 火花塞电极积炭过多

62. 发动机无负荷急加速反应不灵敏，原因可能为（　　）。

A. 可燃混合气过稀　　B. 化油器节气门轴处渗漏

C. 可燃混合气过浓　　D. 化油器主量孔开度过大

63. 可燃混合气过稀，会造成（　　）。

A. 发动机无负荷加速反应灵敏　　B. 发动机过热

C. 火花塞电极积炭过多　　D. 发动机容易起动

64. 装有增压器的发动机，燃油供给系统正常工作，但发动机工作无力，原因可能是（　　）。

A. 增压器后管路裂损　　B. 中冷器裂损气压泄漏

C. 增压器前管路裂损　　D. A、B、C 均正确

65. 为正确使用装有增压器的柴油发动机，起动时应该（　　）；汽车停驶时，应该（　　）。

A. 限制柴油机转速　怠速运转数分钟

B. 防止柴油机高速运转　立即熄火

C. 防止柴油机高速运转　怠速运转数分钟

D. 柴油机高速运转　怠速运转数分钟

66. 发动机过热，检查顺序应该是（　　）。

A. 泄漏、堵塞、百叶窗开度、风扇 V 带张紧度、冷却泵、节温器

B. 泄漏、堵塞、节温器、冷却泵、风扇 V 带张紧度、百叶窗开度

C. 节温器、泄漏、堵塞、百叶窗开度、风扇 V 带张紧度、冷却泵

D. 以上全不对

67. 机油压力过低，会导致曲轴及轴承（　　）。

A. 异响　　B. 过冷　　C. 变形　　D. 过热或烧坏

68. 机油压力过低，会造成发动机（　　）。

A. 润滑不良　　B. 磨损减小　　C. 润滑良好　　D. 磨损不变

69. 气门间隙过大，使用单缸断油方法，声音（　　）。

A. 变化明显　　B. 不变　　C. 变化不明显　　D. 以上均不对

70. 点燃式发动机点火系中，以下故障为低压短路的是（　　）。

A. 电流表指示 10 A 以下　　B. 电流表指示 10 A 以上

C. 熔丝良好　　D. 以上均不对

71. 汽车行驶中突然熄火，打开点火开关，电流表指示 3～5 A 不回零，则故障发生在（　　）。

A. 电容器　　B. 一次线圈到分电器断电触点间

C. 断电器触点间隙过大　　D. 以上均不对

72. 在检测点火系故障时，测量分电器低压线与点火开关间电阻值，电阻值无穷大，说明线路（　　）；电阻值为零，说明线路（　　）。

A. 正常　断路　　B. 正常　短路　　C. 短路　正常　　D. 断路　正常

73. 拆下点火开关进线，测量进线与接线柱电阻，电阻无穷大，再拆下电流表进线，测量进线接头与电流表接线柱之间电阻，电阻为零，故障在（　　）。

A. 电流表短路　　B. 电流表断路

C. 点火开关断路　　D. 点火开关短路

74. 在检查是否低压断路时，接通点火开关，拆下分电器低压线，测量线接头与接线柱间电阻，电阻为无穷大，则（　　）。

A. 高压线断路　　B. 高压线短路　　C. 低压线短路　　D. 低压线断路

75. 点火式发动机判断低压线电路故障时，测量电流表进线端与车体间电阻，电阻值为零，则（　　）。

A. 点火开关断路　　B. 点火开关短路

C. 电流表断路　　D. 电流表短路

76. 用万用表测量分缸线电阻时，阻值为零，则故障为（　　）。

A. 断路　　B. 短路　　C. 失效　　D. 以上均不对

77. 分电器断电触点间隙过小，会造成（　　）。

A. 点火提前角过大　　B. 点火提前角过小

C. 怠速不稳定　　D. 尾气超标

78. 行驶跑偏，可能的原因是（　　）。

A. 前轮轮辋摆差过大　　B. 前轮一侧轮毂轴承过紧

C. 前轮轮辋摆差过小　　D. 前轮轮毂轴承过松

79. 前轮异常磨损，可能的原因为（　　）。

A. 前轮轮辋摆差正常　　B. 前桥悬架弹簧左右刚度不一

C. 前束调反　　D. 车轮动平衡不正常

80. 离合器液压操纵系统管路中有空气，会导致（　　）。

A. 打滑　　B. 分离不彻底　　C. 抖动　　D. 异响

得分	
评分人	

二、判断题（第 81 题～第 100 题。将判断结果填入括号中，正确的填“√”，错误的填“×”。每题 1 分，满分 20 分。）

81.（　　）道德用来调整人们之间以及个人与社会之间的关系，具有追求至善的理想性。

82.（　　）防冻液中的乙二醇浓度越大，冷却效果越好。

83.（　　）汽车轮胎使用过程中，轮胎气压过低时，胎面接地面积大，有利于汽车行驶。

84.（　　）发动机在使用过程中，任何水都可以直接作为冷却水加注。

85.（　　）汽车离合器踏板自由行程越大越好。

86.（　　）汽车制动踏板的正确踏位是将右脚前脚掌置于制动踏板中央。

87.（　　）松抬汽车加速踏板，发动机转速下降。

88.（　　）汽车风窗玻璃刮水器开关有空挡位、低速挡位和间歇挡位。

89.（　　）机动车行驶到距离弯道 40～80 m 处时，应发出转弯信号，即左转弯开左转向灯，右转弯开右转向灯。

90.（　　）汽油喷射发动机的汽油喷射装置按喷油器安装部位分为单点喷射方式和多点喷射方式。

91.（　　）车辆日常维护是驾驶员必须完成的日常作业。

92.（　　）电喷发动机的维护项目要求检查微电脑插头是否牢固可靠地插在插座内。

93.（　　）电喷发动机的维护项目要求检查进气系统各软管及真空接头，确认牢固、可靠、无泄漏现象。

94.（　　）当 ATF 油中有氧化物沉淀和杂质时，过滤后仍可继续使用。

95.（　　）点火正时调整就是使分电器轴的位置与发动机活塞的位置相匹配，以便点火系在适当的时间点火。

96.（　　）柴油机燃料系内进入空气后，会产生气阻现象。

97.（　　）测量电流表进线端与车体间电阻值，电阻值不为零，则电流表断路。

98.（　　）无分电器式电子点火系取消了分电器机械式离心点火提前装置。

99.（　　）前轮轮辋变形，不会造成方向打摆。

100.（　　）汽车底盘中，前轮先于后轮制动会产生制动点头现象。

初级汽车驾驶员理论知识考试模拟试卷（三）

注意事项

1. 本试卷依据 2002 年颁布的《汽车驾驶员》国家职业技能标准命制。考试时间：90 min。

2. 请在试卷标封处填写姓名、准考证号和所在单位的名称。

3. 请仔细阅读答题要求，在规定位置填写答案。

得分记录表

	一、选择题	二、判断题	总分
得分			

得分	
评分人	

一、单项选择题（第 1 题～第 80 题。选择一个正确答案，将相应字母填入题内的括号中。每题 1 分，满分 80 分。）

1. 道德在调整人们行为时的评价标准是（　　）。

A. 善恶　　B. 四项基本原则

C. 宪法和各种法律手段　　D. 人民民主专政

2. 道德（　　）主要是培养人们的道德品质，规范人们的道德行为，提高人们的道德境界，形成理想人格。

A. 调节职能　　B. 认识职能　　C. 社会职能　　D. 教育职能

3. 以下属于热爱本职、钻研技术的是（　　）。

A. 干一行、爱一行、专一行、成一行

B. 适时更换工作

C. 会开车即可

D. 当一天和尚撞一天钟

4.（　　）是国际单位制中的基本量。

A. 质量、电流　B. 克、毫米　C. 升　D. 重量

5. 汽车总体构造基本上是由发动机、底盘、车身、（　　）四个部分组成。

A. 照明系　B. 电气设备　C. 行驶系　D. 转向系

6. 二冲程发动机曲轴转一圈，活塞在气缸里往复行程两次，完成（　　）个工作循环。

A. 一　B. 半　C. 两　D. 四

7. 汽车按驱动桥的多少可以分为单桥驱动（4×2）、双桥驱动（4×4）和三桥驱动（6×6），三桥驱动括号内后面数字 6 代表（　　）。

A. 驱动桥数　B. 驱动轮总数　C. 总轮数　D. 总轴数

8. 汽车前轮定位中的前轮外倾角的作用是（　　）。

A. 使转向轮自动回正，转向操纵方便

B. 提高前轮行驶的安全性

C. 保持汽车直线行驶的稳定性，并促使转弯后的前轮自动回正

D. 减少或消除汽车在前进中因车轮外倾和纵向阻力时车轮前端向外滚动所造成的滑移

9. 转向盘在转向轮发生偏转前能转过一定角度，这段角行程称为转向盘自由行程。一般转向盘的自由行程为（　　）。

A. 10～25 mm　B. 0°～15°　C. 20 mm　D. 10°～25°

10. 在部分电路的一段电路中，通过电路的电流与这段电路的电阻（　　）。

A. 成正比　B. 无关　C. 成反比　D. 相等

11. 电流所做的功，与加在负载两端的电压成（　　），与通过负载的电流成（　　）。

A. 反比　B. 相等　C. 无关　D. 正比

12. 在并联电路中，总电流等于各分电阻（　　）。

A. 中任一分电流　B. 分电流总和

C. 总和　D. 电压

13.（　　）是三极管的最基本最重要的特性。

A. 电流放大作用　B. 电流缩小作用

C. 电流稳压作用　D. 电流控制作用

14. 汽车上与交流发电机配套使用的调节器主要有电磁振动式调节器和（　　）。

A. 双触点式调节器　B. 单触点式调节器

C. 电子调节器　D. 晶体管式调节器

15. 汽车发动机起动系一般由起动机、控制继电器、（　　）等组成。

A. 点火开关　B. 发电机　C. 电压调节器　D. 硅二极管整流器

16. 汽车离合器踏板自由行程（　　）。

A. 不能调整　B. 越大越好　C. 可以调整　D. 越小越好

17. 汽车制动踏板的正确踏位是（　　）。

A. 将右脚掌置于制动踏板中央　B. 将左脚前掌置于制动踏板中央

C. 将右脚掌心置于制动踏板中央　D. 将左脚掌心置于制动踏板中央

18. 转动汽车转向盘动作要（　　），转动的角度要根据速度和希望转动的角度来调节。

A. 迅速　B. 轻柔　C. 提前进行　D. 可快可慢

19. 汽车发动机在起动前，检查制动液量应（　　）。

A. 加满　B. 在下限之下

C. 不需要检查　D. 在上限（Max）和下限（Min）之间

20. 汽车发动机点火开关的 LOCK 位置，表示发动机（　　）位置。

A. 工作　B. 停息发动机，但可以使用电气位

C. 锁住转向盘，插拔钥匙位　D. 点火

21. 汽车发动机的起动顺序是：确认驻车制动器有效制动，变速器置入空挡位和将钥匙转到“（　　）”位置，停止几秒钟后松开。

A. ON　B. START　C. ACC　D. LOCK

22. 发动机怠速转速可以通过调整风门大小等来调整其高低。一般来讲，怠速转速以发动机不抖动时的（　　）为最佳。

A. 最低转速　B. 最高转速　C. 平均转速　D. 行驶速度

23. 机动车行驶中发生故障不能行驶时，需立即采取的行为是（　　）。

A. 保护现场　B. 将车移出主道

C. 报告附近的交警　D. 报告附近的交警并将车移出主道

24. 下列对机动车过渡口时所要注意的事项描述有误的是（　　）。

A. 过渡口时随车人员和乘客不许下车

B. 汽车上下渡船时应用一挡和二挡

C. 在跳板上要缓慢行驶

D. 不准在船上进行紧急制动

25. 驾驶机动车辆通过铁路道口时，严禁熄火或（　　）。

A. 迅速通过　B. 匀速通过　C. 低挡通过　D. 空挡滑行

26. 机动车在下列（　　）地段可以掉头。

A. 城门　B. 陡坡　C. 广场　D. 隧道

27. 驾驶员驾驶机动车在下列（　　）情况下可以倒车。

A. 单行线路　B. 交叉路口　C. 停车场　D. 桥梁

28. 驾驶员的因素对行车安全的影响很大，驾驶员的因素主要指驾驶员的（　　），包括驾驶员的身体素质和技术素质。

A. 素质水平　B. 文化程度　C. 驾驶技巧　D. 健康状况

29. 驾驶员的性格特点对行车安全会产生影响，下列说法错误的是（　　）。

A. 机动车驾驶员应针对自身性格特点有意识地进行性格培养和锻炼

B. 机动车驾驶员应发挥自身性格特点，无须性格培养和锻炼

C. 驾驶员应针对自身性格特点发扬积极的一面，抑制不利的一面

D. 机动车驾驶员应该做到心平气和、不急不躁、保证安全

30. 下列对驾驶员思想情绪与行车安全的说法中错误的是（　　）。

A. 绝大多数责任事故的肇事者在思想上或驾驶作风上都存在问题

B. 防止和克服异常思想情绪，杜绝违章驾驶是安全行车的保证

C. 驾驶员要保证高度的责任感，提高自身修养，保持平和的情绪

D. 只要驾驶员的思想情绪好，就能保证行车安全

31. 驾驶员在行车中主要是靠视觉和听觉得到信息，由（　　）收集到的信息高达90%。

A. 视觉　B. 听觉　C. 嗅觉　D. 味觉

32. 驾驶员在驾驶过程中想要吐痰时，可以（　　）。

A. 通过车窗吐到道路上

B. 吐到随身携带的废纸上，停车后扔到垃圾箱

C. 吐到车内地板上

D. 不吐出来

33. 醉酒后驾驶机动车的，由公安机关交通管理部门约束至酒醒，处十五日以下拘留和暂扣（　　）机动车驾驶证，并处五百元以上两千元以下罚款。

A. 三个月以上六个月以下　B. 两个月以上五个月以下

C. 三个月以上五个月以下　D. 两个月以上六个月以下

34. 当机动车通过积水路段时，车辆应该（　　）。

A. 加速通过　B. 减速慢行　C. 空挡滑行　D. 正常行驶

35. 驾驶机动车遇见畜力车时，应采用（　　）的处理方法。

A. 鸣笛示意、谨慎超越　B. 尽量少鸣笛、谨慎超越

C. 鸣笛示意、不许超越　D. 尽量少鸣笛、不许超越

36. 下列属于人力车特点的是（　　）。

A. 灵活性差、控制能力强　B. 灵活性好、控制能力强

C. 灵活性差、控制能力差　　D. 灵活性好、控制能力差

37. “摆动幅度大，遇情况不知躲避，往往突然停车或摔倒”所描述的是哪种人群的汽车特点。

A. 男青年　　B. 妇女　　C. 女青年　　D. 中年人

38. 下列不属于拖拉机特点的是（　　）。

A. 拖挂行驶，挂车左右摆动幅度大

B. 噪声较大

C. 车况较差，有的挂车无刹车和安全护网

D. 违章极少

39. 为保证机动车平稳起步，正确的操作步骤是，首先（　　）将变速杆挂入一挡或二挡。

A. 放松驻车制动器手柄　　B. 适量踏下加速踏板

C. 踩下离合器踏板　　D. 放松离合器踏板

40. 机动车正确的行驶位置是（　　）。

A. 车道右边缘　　B. 车道正中央　　C. 车道左边缘　　D. 随意

41. 机动车在弯道上行驶时，根据需要合理地确定转弯路线、速度及转向时机，做到（　　）。

A. 减速、靠右行　　B. 鸣笛、靠右行

C. 增速、鸣笛、靠右行　　D. 减速、鸣笛、靠右行

42. 下列属于汽车高速挡换入低速挡操作步骤第一步的是（　　）。

A. 加空油后抬加速踏板

B. 抬起加速踏板，踩下离合器踏板

C. 一面松抬离合器踏板，一面平稳地踩下加速踏板

D. 迅速踩下离合器踏板，将变速杆推入低一级挡位

43. 机动车右转弯行驶时，后轮比前轮通过的位置要（　　），故形成转弯时的内外轮差。

A. 靠向右侧　　B. 靠向左侧

C. 与前轮轨迹相同　　D. 与前轮轨迹无关

44. “右手扶转向盘上缘，左手半打开车门并扶在前门窗框下沿或扶手上，上身向左斜出驾驶室向左转头，向后注视目标”所描述的是倒车技术中的（　　）方法。

A. 注视侧方倒车　　B. 注视后车窗倒车

C. 注视后视镜倒车　　D. 直接倒车

45. 机动车通过直角弯道时，首先要降低车速，判断道路宽窄，如果是向左转弯，应先靠路的（　　）侧行驶。

A. 右　　B. 左　　C. 中央　　D. 中线左

46. 机动车在转弯道行驶时，需要（　）操作转向盘。

A. 倒手　　B. 左单手　　C. 不倒手　　D. 右单手

47. 机动车通过连续转弯车道的时候，应按不同角度的弯道逐个进行操作，但在通过一个弯道的时候，应（　）。

A. 迅速加快速度　　B. 迅速减慢速度

C. 考虑下一个弯道的情况　　D. 马上驻车

48. 下列对机动车窄路直线行驶的描述正确的是（　）。

A. 窄路直线行驶，关键是观察车后方的车辆动态

B. 观察前方路段是否有对向车辆，提前做好准备

C. 当前方路段有对向来车时，要迅速占用对向车道

D. 当前方路段有对向来车时，要迅速交会

49. 一般汽车停车的操作方法分两个步骤，分别是（　）。

A. 减速，停车　　B. 拉紧驻车制动器，踩制动踏板

C. 停车，开启右转向灯　　D. 开启左转向灯，踩制动踏板

50. 汽车在使用过程中，随着行驶里程的增加，各部零件将（　），导致车辆技术状况变坏。

A. 仅变形疲劳、松动

B. 仅产生磨损、老化

C. 产生磨损、变形疲劳、松动、老化

D. 不会发生变化

51. 我国现行汽车维护制度的总原则是（　）。

A. 定期检测，自愿维护　　B. 定期检测，强制维护

C. 不定期检测，自愿维护　　D. 不定期检测，强制维护

52. 汽车日常维护的中心内容是（　）。

A. 紧固、调整和安全检视　　B. 补给、检查和调整

C. 清洁、润滑和调整　　D. 清洁、补给和安全检视

53. 汽车日常维护的三个阶段是（　）。

A. 汽车外表清洁、汽车安全检视和汽车故障处理

B. 上午维护、中午维护和下午维护

C. 出车后维护、行车后的维护和收车后的维护

D. 出车前的维护、行车中的维护和收车后的维护

54. 汽车日常维护作业中，要对汽车灯光、信号、仪表、电气装置、冷暖空调、音响设备等进行（　）。

A. 紧固　　B. 润滑　　C. 检视　　D. 补给

55.“检查主、挂车连接安全装置是否牢固”是汽车日常维护三个阶段中的（　　）。

A. 出车前的日常维护　　B. 行车中的日常维护
C. 收车后的日常维护　　D. 平时日常维护

56. 下列对电喷发动机的维护方法描述有误的是（　　）。

A. 进气系统各软管及真空管接头不作为维护项目
B. 检查蓄电池连线，确认清洁、牢固、可靠
C. 检查分电器盖与高压线，确认分电器盖无裂纹，高压线连接可靠，并保持清洁
D. 检查进气系统各软管及真空接头，确认牢固、可靠、无泄漏现象

57.（　　）能造成 ATF 油变质。

A. ATF 油中添加剂加注过量　　B. 发动机功率不足
C. 发动机怠速不稳　　D. ATF 油滤清器损坏

58. 总容量为 5.3 L 的 OIM 型自动变速器的变速器油采用传统方法更换时，它的换油量为（　　）L。

A. 2　　B. 3　　C. 5.3　　D. 4

59. 加注新自动变速器油之前，应（　　）。

A. 清洗油路　　B. 将发动机怠速运转
C. 将机油彻底排出　　D. 将车辆预热

60. 可燃混合气过浓，原因可能是（　　）。

A. 主量孔开度过小或堵塞　　B. 主量孔开度过大
C. 尾气排放严重超标　　D. 进气管通畅

61. 发动机供油系统正常工作，但发动机油耗急剧增加，其可能原因为（　　）。

A. 进气系统泄漏　　B. 进气系统堵塞
C. 尾气排放严重超标　　D. 进气管通畅

62. 电控汽油喷射发动机常见故障有氧传感器污染、（　　）和喷油器结焦堵塞。

A. 电动泵损坏　　B. 分配管堵塞
C. 冷起动阀失效　　D. 喷油雾化不良

63. 发动机工作中，机油压力过低，指机油压力表指示数值（　　）。

A. 大于 0.1 MPa　　B. 小于 0.1 MPa
C. 等于 0.1 MPa　　D. 以上均不对

64. 机油压力过低，会造成发动机（　　）。

A. 润滑不良　　B. 磨损减小　　C. 润滑良好　　D. 磨损不变

65. 曲轴轴承间隙过大，单缸断油，声音（　　），相邻两缸同时断火（　　）。

A. 有明显改变　不变　　B. 无明显改变　明显减少

C. 不变　不变　　D. 不变　减少

66. 若电流表指示为零，或小于正常值，则故障在（　　）。

A. 低压电路短路　　B. 高压电路接线柱接触不良

C. 高压电路断路　　D. 低压电路接线柱接触不良

67. 当用万用表检测发动机点火系故障时，选用电阻挡，当电阻值为零时，则为（　　）。

A. 短路　　B. 断路　　C. 设备损坏　　D. 以上均不对

68. 测量启动开关接线柱与车体间电阻，电阻为零，故障在（　　）。

A. 点火线圈内部短路　　B. 启动开关接线柱短路

C. 低能火线圈内部断路　　D. 启动开关接线柱断路

69. 拆下点火开关进线，测量进线与接线柱间电阻，电阻为零，故障在（　　）。

A. 点火开关断路　　B. 点火开关短路

C. 电流表短路　　D. 电流表断路

70. 点火式发动机判断低压电路故障时，为确认是否是附加电阻断路，应首先（　　）。

A. 拆下点火线圈至点火开关进线　　B. 接通点火线圈至点火开关进线

C. 二者之间线处于短路状态　　D. 二者之间线处于断路状态

71. 点火式发动机判断低压电路故障时，测量各段导线电阻，若电阻值无穷大，则表明该段导线（　　）。

A. 断路　　B. 短路　　C. 失效　　D. 以上均不对

72. 点火提前角过大的故障现象不可能的是（　　）。

A. 起动困难　　B. 怠速不稳

C. 尾气排放超标　　D. 排气管放炮

73. 化油器回火，排气管放炮，可能是由于（　　）造成的。

A. 点火提前角过小　　B. 点火提前角过大

C. 断电器触点间隙过大　　D. 以上均不对

74. 汽车起动时，点火开关至分电器之间导线脱落会（　　）。

A. 不能起动　　B. 熄火　　C. 动力下降　　D. 以上均不对

75. 无分电器点火系在工作中，在（　　）断开瞬间，火花塞上放电产生电火花。

A. 二次线圈　　B. 点火线圈　　C. 一次线圈　　D. 以上均不对

76. 汽车转向时，转向沉重，可能原因是（　　）。

A. 转向节主销松动　　B. 后桥变形

C. 转向节主销配合过紧　　D. 以上均不对

77. 行驶跑偏，可能原因是（　　）。

A. 前轮轮辋摆差过大　　B. 前轮一侧轮毂轴承过紧

C. 前轮轮辋摆差过小　　D. 前轮一侧轮毂轴承过松

78. 转向不足，可能原因为（　　）。

A. 一侧前轮偏转限位螺栓伸出过短

B. 前桥变形

C. 一侧前轮偏转限位螺栓伸出过长

D. 前束过大

79. 汽车底盘中，变速器掉挡的可能原因为（　　）。

A. 同步器工作良好　　B. 离合器分离不彻底

C. 自锁装置失效　　D. 变速器齿轮轮齿折断

80. 汽车底盘中，引起传动轴振动的可能原因为（　　）。

A. 共振　　B. 变速器同步器损坏

C. 万向节叉不在同一平面内　　D. 万向节叉在同一平面内

得分	
评分人	

二、判断题（第 81 题～第 100 题。将判断结果填入括号中，正确的填“√”，错误的填“×”。每题 1 分，满分 20 分。）

81.（　　）热情服务，就是要求汽车驾驶员在工作中以旅客、货主为中心。

82.（　　）在复杂的道路上，驾驶员一定要高度集中注意力，做到“一慢二看三通过”“宁停三分不抢一秒”。

83.（　　）细锉刀可以锉软金属。

84.（　　）压缩比较高的发动机应选用高辛烷值汽油。

85.（　　）轻柴油在选用时，使用地区气温低，应选用凝点较低的轻柴油，反之选用凝点较高的轻柴油。

86.（　　）齿轮油在选用时，选用黏度越大越好。

87.（　　）汽车满载时的总质量称为最大总质量。

88.（　　）发动机配气机构顶置式气门间隙的调整部位是在挺杆上。

89.（　　）汽车最佳制动状态是车轮完全被抱死而发生滑移时。

90.（　　）电流强度的单位是安培。

91.（　　）踩下汽车加速踏板，发动机转速升高。

92.（　　）汽车仪表盘上的符号的含义是燃油量指示灯。

93.（　　）制动灯装于汽车后面，由制动开关控制，灯光一律为红色。

94.（　　）汽车行驶时，和侧向道路上车辆的间距与行驶速度无关。

95.（　　）机动车停放好后，对离合器踏板和制动踏板的正确操作顺序是制动踏板先抬起，离合器踏板后抬起。

96.（　　）机动车在狭窄路上会车时，先到达宽阔处的机动车要礼让对向车辆。

97.（　　）柴油机高低压油路堵塞、漏气均会导致柴油机不起动。

98.（　　）非增压式柴油机进气系统堵塞，会导致柴油机功率下降，油耗上升。

99.（　　）冷却液沸腾，会导致发动机过热。

100.（　　）冷却泵泵液能力下降，会导致发动机过热。

初级汽车驾驶员理论知识考试模拟试卷参考答案（一）

一、单项选择题

1. A	2. A	3. C	4. A	5. B	6. D	7. A	8. A
9. B	10. C	11. D	12. B	13. D	14. C	15. A	16. A
17. C	18. B	19. B	20. B	21. A	22. A	23. C	24. B
25. C	26. C	27. C	28. A	29. B	30. D	31. D	32. A
33. D	34. A	35. B	36. D	37. B	38. B	39. B	40. C
41. A	42. D	43. A	44. A	45. B	46. C	47. A	48. B
49. C	50. D	51. C	52. C	53. D	54. B	55. D	56. A
57. A	58. C	59. A	60. D	61. B	62. B	63. B	64. B
65. C	66. B	67. C	68. B	69. A	70. D	71. D	72. A
73. D	74. A	75. C	76. C	77. C	78. B	79. A	80. C

二、判断题

81. √	82. √	83. √	84. ×	85. ×	86. ×	87. √	88. √
89. ×	90. √	91. √	92. √	93. ×	94. √	95. √	96. √
97. ×	98. ×	99. √	100. ×				

初级汽车驾驶员理论知识考试模拟试卷参考答案（二）

一、单项选择题

1. B	2. C	3. A	4. A	5. D	6. D	7. A	8. B
9. A	10. B	11. C	12. C	13. D	14. D	15. D	16. B
17. A	18. B	19. C	20. C	21. B	22. A	23. A	24. B
25. A	26. B	27. C	28. D	29. C	30. C	31. A	32. B
33. C	34. A	35. D	36. B	37. C	38. D	39. C	40. C
41. A	42. D	43. B	44. A	45. B	46. A	47. C	48. C
49. C	50. C	51. D	52. A	53. A	54. A	55. A	56. B
57. D	58. D	59. A	60. D	61. A	62. A	63. B	64. D
65. C	66. A	67. D	68. A	69. C	70. B	71. B	72. B
73. B	74. D	75. D	76. B	77. B	78. B	79. B	80. B

二、判断题

81. √	82. ×	83. ×	84. ×	85. ×	86. √	87. √	88. ×
89. √	90. √	91. √	92. √	93. √	94. ×	95. √	96. √
97. ×	98. √	99. ×	100. √				

初级汽车驾驶员理论知识考试模拟试卷参考答案（三）

一、单项选择题

1. A	2. D	3. A	4. A	5. B	6. D	7. B	8. B
9. D	10. C	11. D	12. B	13. A	14. C	15. A	16. C
17. C	18. B	19. D	20. C	21. B	22. A	23. D	24. D
25. D	26. C	27. C	28. A	29. B	30. D	31. A	32. B
33. A	34. B	35. B	36. C	37. B	38. D	39. C	40. A
41. D	42. B	43. A	44. A	45. A	46. A	47. C	48. B
49. A	50. C	51. B	52. D	53. D	54. C	55. A	56. A
57. D	58. C	59. C	60. B	61. B	62. A	63. B	64. A
65. B	66. D	67. A	68. B	69. B	70. A	71. A	72. D
73. A	74. A	75. C	76. C	77. B	78. C	79. C	80. C

二、判断题

81. √	82. √	83. ×	84. √	85. √	86. ×	87. √	88. ×
89. ×	90. √	91. √	92. ×	93. √	94. ×	95. ×	96. √
97. √	98. √	99. √	100. √				